文物、文字、历史、文化的大综合

博物馆里的大语文

曲现龙 编著

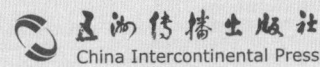

前言

无论多么辉煌的文明，都无一例外地被历史的尘烟所湮没。不过，后人还是可以通过某些途径去寻找文明的踪迹，博物馆就是这些途径中的一个。

博物馆是保存、陈列、研究物质文化和精神文化的遗存以及自然标本的文化教育机构，通过对馆藏物品的分类展示与管理，可为公众普及相关知识，并提供教育与欣赏的环境。在《山海经》中，"博物"的意思是"辨识多种事物"。

博物馆是唤醒人类历史记忆的殿堂，博物馆中的文物，就是传承这种记忆的载体。如今，博物馆早已成为现代人的精神家园与智慧之源，同时也成为文化沟通的桥梁。它不仅保留了人类过去的印记，也映射着现在与未来。英国历史学家爱德华·卡尔说过："历史是现在与过去之间永无止境的问答交流。"今天的人们要想打开文明之门，必须要与承载文明信息的文物进行不断的对话。

文物是人类在社会活动中留存下来的具有历史、艺术与科学价值的遗物和遗迹，是人类宝贵的历史文化遗产。文字是文明传递的载体，是文化交流的媒介，是民族延续的基因，也是人类文明的重要组成部

分。研究文字演化的历程，也就是在研究文明发展的密码。文字研究也是砸实中小学生语文功底的最基本的途径。文物与文字间有着天然的联系。有些文物与文字的源头关系密切，有些文物对于文字的发展有着重大影响，有些文物关联着汉字字义的发展与变化。通过研究文物来学习汉字、学习中国传统文化，可以充分发挥文物的文化和教育价值，传承中华优秀传统文化，增强孩子们的文化自信。

《博物馆里的大语文》精选了100件文物，在充分挖掘文物的价值的基础上，由文字说开来，对与文物关联的汉字进行研读，再进一步引申出文物、文字背后的历史文化知识。因为它是一本涉及文物、历史、文化、文字、科技、艺术等方面知识的综合性的书籍，用当前流行叫法，称呼其为"大语文"。

关于书中汉字字体演变的基础知识

甲骨文是商代的文字，刻在龟甲和兽骨上。其中大部分是商王的占卜记录，小部分是跟商王有密切关系的大贵族的占卜记录。

金文主要是西周和春秋时期的文字，是刻在青铜器上的铭文。先秦时期，称青铜为金，所以，后人把这些古代青铜器上的文字叫作金文。

战国文字，从狭义的角度讲是指战国时期齐、楚、燕、韩、赵、魏六国以及中山、越国、滕等小国的文字。与金文相比，这些文字的特点是笔画随意简化，结构也比较混乱。秦统一中国后，文字重新回到了统一的时代。

秦系简牍文字是指后世出土的战国时期的秦国和秦统一中国之后的秦王朝竹简和木牍上的文字。"简"就是竹简，一般比较窄，只写一行字；"牍"是可以写几行字的较宽的长方形木片。著名的秦简有睡虎地秦墓竹简、青川木牍、里耶秦简等。

楚系简帛是出土于楚国的竹简帛书的统称，比较有名的有湖南长沙楚帛书、湖北曾侯乙墓楚简、湖北荆门包山楚简、湖北荆门郭店楚简、上海博物馆藏战国楚简等。简帛中所记载的文献对研究先秦史意义重大，同时也是研究楚系文字发展变化的珍贵史料。

小篆是在秦始皇统一中国后，由李斯负责在秦国原来使用的大篆籀文的基础上，进行简化而创制的汉字书写形式。小篆笔画圆转流畅，字体优美，一直在中国流行到西汉末年，才逐渐被隶书所取代。本书中汉字字体下面标注"说文"的，表示字体来自于东汉许慎的《说文解字》，字体为小篆。

　　隶书，起源于秦朝，在西汉时期正式取代小篆，成为主要字体，东汉时期发展到顶峰。东汉熹平四年（公元175年）以新隶体立石经于太学，成为国家的标准书体。

　　楷书是由隶书发展而来，楷书的"楷"有楷模之义，楷书就是可以作为楷模或者有法度的字。楷书在汉魏之际形成，南北朝时成为主要字体。魏晋书法代表人物为钟繇、王羲之和王献之。唐代是楷书的鼎盛时期，代表人物为虞世南、欧阳询、颜真卿和柳公权等。楷书字体端正，是现在通行的汉字手写正体字。

　　本书还涉及康熙字，凡本书汉字演变的字体下面标注"康熙字"的，是指出自于《康熙字典》中的字体，是一种印刷体。

目录

1. "北京人"用火遗留的灰烬 …… 010
2. 山顶洞人的兽牙 …… 012
3. 石磨盘和石磨棒 …… 015
4. 耒耜 …… 018
5. 炭化粟 …… 021
6. 河姆渡炭化稻 …… 025
7. 仙人洞古陶罐 …… 028
8. 鹳鱼石斧图彩陶缸 …… 031
9. 陶釜 …… 034
10. 马家窑旋涡纹彩陶瓮 …… 036
11. 鲵鱼纹彩陶瓶 …… 039
12. 陶鹰鼎 …… 042
13. 人头形器口彩陶瓶 …… 045
14. 人形蛙纹彩陶罐 …… 048
15. 舞蹈纹彩陶盆 …… 051
16. 蜷体玉龙 …… 054
17. 河姆渡陶钵 …… 056
18. 良渚玉琮与玉璧 …… 060
19. 大汶口象牙梳 …… 063
20. 贾湖骨笛 …… 067

21. 半地穴式和干栏式房屋 …… 070
22. 彩陶花瓣纹盆 …… 074
23. 二里头夏代青铜爵 …… 076
24. 镶嵌绿松石饕餮纹铜牌饰 …… 078
25. 青铜钺 …… 081
26. 后母辛青铜觥 …… 084
27. 青铜觚 …… 086
28. 大禾人面方鼎 …… 089
29. 虢季列鼎 …… 092
30. 后母戊鼎 …… 095
31. 作册般青铜鼋 …… 099
32. 妇好墓夔首骨笄 …… 102
33. 商代青铜蝉纹鼎 …… 104
34. 众人协田牛骨刻辞 …… 106
35. 宰丰骨匕刻辞 …… 109
36. 虎纹石磬 …… 111
37. 四羊方尊 …… 114
38. 龙虎纹青铜尊 …… 117
39. 三星堆纵目人 …… 120
40. 利簋 …… 123

- 41. 刖人守门鼎 ……126
- 42. 何尊 ……129
- 43. 大盂鼎 ……132
- 44. 西周柉禁 ……136
- 45. 陶模与陶范 ……139
- 46. 秦公簋 ……142
- 47. 蔡侯申豆 ……146
- 48. 镂空龙纹俎 ……149
- 49. 吴王光青铜鉴 ……151
- 50. 王子午鼎 ……154
- 51. 宋公栾青铜戈 ……157
- 52. 越王勾践剑 ……159
- 53. 五年相邦吕不韦戈 ……162
- 54. 秦铜弩机 ……164
- 55. 青铜冰鉴 ……167
- 56. 石鼓文 ……170
- 57. 铜质建筑构件 ……172
- 58. 战国货币 ……175
- 59. 鄂君启铜节 ……178
- 60. 战国漆耳杯 ……181

- 61. 曾侯乙编钟 ……184
- 62. 青铜车辖軎 ……186
- 63. 陶信完封泥 ……188
- 64. 矢箙 ……192
- 65. 匈奴王冠 ……195
- 66. 双兽三轮盘 ……198
- 67. 牺尊 ……200
- 68. 秦石甲胄 ……203
- 69. 秦跪射俑 ……206
- 70. 秦铜权 ……210
- 71. 战国商鞅方升 ……213
- 72. 秦始皇陵兵马俑一号车 ……215
- 73. 阳陵错金铜虎符 ……221
- 74. 《编年纪》竹简 ……224
- 75. 《秦律十八种》 ……227
- 76. 长信宫灯 ……230
- 77. 霍去病墓石雕马踏匈奴 ……233
- 78. 新莽铜嘉量 ……236
- 79. 刘胜金缕玉衣 ……240
- 80. 汉代铜奔马 ……243

81. 单于天降瓦当 246

82. 鎏金"中国大宁"青铜镜 249

83. 素纱单衣 252

84. 五层连阁式彩绘陶仓楼 255

85. 西汉青铜染器 259

86. 汉代市楼画像砖 262

87. 驿使图壁画砖 265

88. 错金铁书刀 268

89. 算筹 270

90. 五星出东方利中国 273

91. 滇王金印 277

92. 汉错金银博山炉 279

93. 熹平石经 282

94. 《洛神赋图》 285

95. 昭陵六骏 288

96. 钱镠铁券 291

97. 葡萄花鸟纹银香囊 294

98. 《步辇图》 297

99. 三彩釉陶女俑 300

100. 开元通宝 303

在博物馆
和100件文物一起
上一堂有趣的语文课

1. "北京人"用火遗留的灰烬

贾兰坡先生在《人类用火的历史和火在社会发展中的作用》一文中说:"人类对火的控制,是人类制作第一把石刀之后,人类历史上的第一件大事。这一伟大创造,在人类发展史和人类文明史上,有着极其重大的意义。"

"北京人"是生活于距今70万—20万年前的古人类,属于直立人。"北京人"用火遗留的灰烬发掘于北京周口店猿人洞遗址。在遗址的文化堆积层内,人们发现了成堆的灰烬、燃烧过的角骨和烧焦的朴树籽。通过研究与测验,科学家发现猿人洞的第四层和第六层灰烬中含有硅质体,找到了"北京人"用火的证据,说明在距今40万—50万年的旧石器时代,"北京人"已经可以有控制地用火。

火的使用是人类发展史上的一个里程碑。有了火,"北京人"摆脱了"茹毛饮血"的境况,开始吃熟食,这种饮食习惯的改变有利于人体和大脑的进化。火可以取暖,可以给人类带来光明,更是原始人与野兽争夺栖息之处的有力武器。可以说,火是原始先民的"生命之光",也是人类文明的第一缕曙光。

北京人用火遗留的灰烬
消防博物馆藏

汉字学习

| 火 | 甲骨文 | 战国文字 | 篆文 | 隶书 | 楷书 |

火，读音 huǒ，象形字。在甲骨文中，"火"的字形就像物体燃烧时产生的光焰。"火"字的本义是指物体燃烧时发出的光焰，也用作动词"着火"，又由"着火"引申为紧急，如"十万火急"。"火"还是一个星宿的名字，叫"大火"。《诗经·豳风·七月》中的"七月流火，九月授衣"，意思是"七月大火向西落，九月妇女缝寒衣"。"火"做汉字偏旁时，在左右结构中仍然写作"火"形，如"烧"，在上下结构中写作四个点，如"煎""煮"等。

燧人氏钻木取火

知识链接

"上古之世，人民少而禽兽众，人民不胜禽兽蛇虫……民食果蓏蚌蛤，腥臊恶臭，而伤害腹胃，民多疾病。有圣人作，钻燧取火，以化腥臊，而民悦之，使王天下，号之曰燧人氏。"（《韩非子·五蠹》）上古时民少兽多，人民敌不过野兽和虫蛇。当时的人们吃的都

燧人氏钻木取火（康军 绘）

是生的瓜果蚌蛤（bàng gé），这些东西不仅有一股腥臭的味道，而且伤害腹胃，导致很多人生了病。这时，一位圣人发明了钻木取火的方法，并把这种方法教给大家，从此人们吃上了熟食。人民爱戴他，于是选他做了领袖，并称他为燧人氏。

2. 山顶洞人的兽牙

山顶洞人的兽牙
周口店北京人遗址博物馆藏

爱美是人类的天性，饰品当然也不仅仅属于现代人。

在周口店山顶洞洞中，人们发现了125枚穿孔兽牙，这些兽牙以獾、狐狸、鹿、狸、艾鼬的牙齿为主，还有一枚虎牙。每枚兽牙的牙根都有一个用尖状器刮挖而成的穿孔，出土时还有5枚兽牙排列成半圆形。这些穿孔兽牙应该是山顶洞人佩戴在颈部的装饰品，这说明山顶洞人已经有了一定的审美意识。在艰难的环境中，原始人为了生存，必须和野兽搏斗，这就需要拥有勇猛的力量和勇敢的精神，所以，山顶洞人佩戴兽牙项饰不仅仅是为了追求美，那些兽牙可能还象征着先民的智慧和力量。

无独有偶，四川广汉三星堆二号祭祀坑也出土过三枚虎牙化石项饰。这几枚虎牙项饰长9.3—11.3厘米，宽2.3—3.1厘米。由于长时间与青铜器埋藏在一起，虎牙被铜锈浸蚀，变成了绿色，看上去就像晶莹的碧玉。这三枚虎牙的根部都有一个穿孔，应该是用来系挂穿戴的。用虎牙制作的工艺品不仅仅具有装饰的功能，还是勇气、力量和权力的象征，也许还具有某些辟邪的作用。

汉字学习

甲骨文　金文　战国文字　篆文　隶书　繁体楷书　简体楷书

齿，读音 chǐ，形声字。齿就是门牙。在甲骨文中，"齿"字的字形画的就是口里的四颗门牙，非常形象。"齿"的作用是切割撕咬食物。"牙"和"齿"的字义和用法是有区别的，我们熟悉的成语"唇亡齿寒"，不能说成"唇亡牙寒"。"齿如含贝""明眸皓齿"说的都是"齿"的美丽。一个人恨到极点的时候，会"咬牙切齿"，这说明"牙"的作用是咬嚼，"齿"的作用是切割。"羞于启齿"中的齿也是指门牙，启齿即开口。

金文　楚系简帛　说文　楷书

牙，读音 yá，象形字。"牙"字的古字形很像上下牙齿对合的样子，本义就是大牙，臼（jiù）齿，槽牙。牙齿上下相错对合，是为了咀嚼食物。

后来，人们也常用"牙"或"齿"来代指形状像牙齿的东西。比如，机器上有齿的轮状机件叫"齿轮"，也叫"牙轮"；形状像齿的山称为"狼牙山"。

博物馆里的大语文　013

犬牙交错

知识链接

"犬牙交错"是指上下牙紧密地咬合在一起,形容交界处非常曲折,像狗牙那样参差不齐,也形容局面错综复杂。成语出自《汉书·中山靖王传》:"诸侯王自以骨肉至亲,先帝所以广封连城,犬牙相错,为盘石宗也。"意思是说:汉武帝要削除王侯的势力,中山靖王刘胜对汉武帝说,王侯之间都是骨肉至亲,先王分封给我们的大片土地,像狗的牙齿那样上下交错,彼此嵌入,就是为了我们可以彼此支援,互相牵制,让刘家的江山坚如磐石。

元朝行省分布图

在元代之前,中国的行政区划实行"山川形便"原则,也就是根据山脉、河流等自然特征划分地理区域,进而划分行政区域,进行地方治理,这样能使行政区域与地理区域保持一致,有利于经济和社会发展。元朝的行省幅员广阔,行省长官握有军政大权,为了防止出现地方割据的情况,行政区域的划分上便采用了"犬牙交错"原则,这样可以确保任何地方都无法成为一个完整的行省之区,便于维护中央集权。这一原则对后世的行政区划产生了重要影响。

3. 石磨盘和石磨棒

磨制石器的出现,是人类进入新石器时代的标志,这是人类物质文化发展的第二个阶段,在这个时代,原始农业已经开始出现。

石磨盘和石磨棒出土于河南新郑西北约7.5公里的裴李岗村,属距今7000—8000年的新石器仰韶文化遗存。石磨盘前尖后圆,通长65厘米,前宽25.5厘米,后宽21厘米,通高3.5厘米,盘面厚1.8厘米。磨棒呈中间稍粗的圆柱形,磨盘与磨棒配套使用,可以碾碎放在盘面上的谷物。

石磨盘和石磨棒是裴李岗文化时期最具代表性的农业生产工具之一,可以称作最早的"脱粒机"。这类工具的出现,说明当时的中原地区已经产生了原始农业。

石磨盘和石磨棒
郑州博物馆藏

汉字学习

| 甲骨文 | 金文 | 小篆 | 康熙字 | 楷书 |

新石器时代在打磨工具的制造方面超越了旧石器时代。当时的人们就地取材，对于他们来说，石头既是生产工具和狩猎工具，也是制作日常用具的主要原材料。因此，在石器时代的先民眼中，石头是他们生产生活的重要内容。那么"石"在汉字中是一个什么样的形象呢？

石，读音 shí，象形字。甲骨文中"石"字的字形就像一块尖尖的石头，到了金文的时候，变成了被"厂"遮住的一个石块。这里的"厂"读音为 hǎn，本义是指山边岩石突出的地方。这一字体，说明山崖下是石头的堆积之地，非常形象。许慎《说文解字》："石，山石也。在厂之下，口象形。"石就是岩石，是由矿物集合而成的构成地壳的坚硬物质。

| 篆文 | 隶书 | 楷书 |

磨，读音 mó 或 mò，形声字。这个汉字最早见于小篆。磨（mó）字的本义是使用磋具磨制石器。王充《论衡》："骨曰切，象曰瑳，玉曰琢，石曰磨；切磋琢磨，乃成宝器。"成语"切磋琢磨"的含义，就是将骨、角、玉、石加工成器物，比喻学习、修身或研究问题时砥砺精进，不断完善，取长补短，改正缺点。磨（mò），是指粉碎粮食的工具，如石磨、电磨、磨盘、磨坊、推磨等。

知识链接

《诗经·卫风·淇奥》

卫风·淇奥（节选）

瞻彼淇奥，绿竹猗猗。有匪君子，如切如磋，如琢如磨。

瑟兮僩兮，赫兮咺兮。有匪君子，终不可谖兮。

《卫风·淇奥》运用比兴手法，对有道德和修养的贵族男子进行歌颂，赞颂其高风亮节的君子风度。其中以"如切如磋，如琢如磨"比喻君子在道德学问上的砥砺精进。以上节选的是第一章。

【注释】

1. 淇：淇水，源出河南林县，东经淇县流入卫河。
2. 奥（yù）：水边弯曲的地方。
3. 猗猗（yī yī）：美盛貌。
4. 匪：通"斐"，有文采貌。
5. 切、磋、琢、磨：切磋，本义是加工玉石骨器，引申为讨论研究学问；琢磨，本义是玉石骨器的精细加工，引申为学问道德上的钻研深究。
6. 瑟：仪容庄重。
7. 僩（xiàn）：神态威严。
8. 赫：显赫。
9. 咺（xuān）：有威仪貌。
10. 谖（xuān）：忘记。

【译文】

看河湾淇水流过，看绿竹多么婀娜。
美君子文采风流，似象牙经过切磋，似美玉经过琢磨。
你看他庄重威武，你看他光明磊落。
美君子文采风流，记心间永不褪色。

清 王武 花竹栖禽图 绢本

博物馆里的大语文　017

4. 耒耜

骨耜
中国国家博物馆藏

装有木柄的骨耜复原图

耜（sì）是一种铲状工具，用于农作。1974年，考古队在发掘浙江余姚河姆渡遗址时，发现了170多件骨耜。这些骨耜是由大型哺乳动物的肩胛骨制成的，先民将藤条穿过凿孔，再用藤条将木柄捆绑在骨耜上，带有木柄的骨耜可用于水田翻地，骨耜上的木柄被称作"耒"。耒耜是当时主要的农业生产工具。耒耜的创造和使用，标志着中国农耕文明的开端。

汉字学习

| 金文 | 篆文 | 隶书 | 楷书 |

"耒",读音 lěi,象形字。"耒"是古代农具耜上面的曲木柄,也泛指农具。在金文中,"耒"字形如木叉,也有的字形是一只手拿着耒。"耒"是汉字部首之一,从"耒"的字,大多与原始农具或耕作有关,如耕、耘、耙、耜、耧等。

《易经·系辞》记载,耒耜是神农氏创造出来的,"神农氏作,斫木为耜,揉木为耒,耒耨之利,以教天下"。

| 甲骨文 | 金文 | 战国文字 | 篆文 | 隶书 | 楷书 |

男,读音 nán,会意字,本义是男子。"男"字由"田"和"力"组成。"田"是田地,"力"是古代的农具"耒",两个字组合在一起,表示用"耒"在田里耕作。在农耕社会,耕作是男人的主要职责,所以古人造字的时候用"力"和"田"表示"男"。许慎《说文解字》:"男,丈夫也。从田,从力,言男用力于田也。"

题农父庐舍

知识链接

题农父庐舍

(唐)丘为

东风何时至,已绿湖上山。湖上春既早,田家日不闲。

沟塍流水处,耒耜平芜间。薄暮饭牛罢,归来还闭关。

【注释】

1. 东风:春风。
2. 沟塍(chéng):田埂和田间的水沟。
3. 平芜:杂草繁茂的原野。
4. 饭牛:喂牛。
5. 闭关:闭门谢客,也指不为尘事所扰。

【鉴赏】

这是一首田园诗,描绘了春光明媚的乡村生活场景。春风吹绿了湖边的山野,田家也开始了耕作。农民拿着耒耜在水沟边疏通流水,在田野间铲除杂草,一天忙碌之后,牛困人乏,晚饭之后,小村在安静的夜色中沉沉睡去。

炎帝神农氏"耜耕像" 东汉武梁祠画像石

5. 炭化粟

炭化粟

粟，俗称谷子，为五谷之一，是古代主要的农作物。

磁山炭化粟出土于河北邯郸武安磁山村的新石器时代磁山文化遗址。这一文化遗址的历史距今约8000年。遗址中共发现88个窖穴（灰坑）内有堆积的粟灰和黍灰，一般堆积厚度为0.2—2米，有10个窖穴的粮食堆积厚达2米以上。粟在这些窖内储存了8000年，体积已经缩减，有学者推测，当初的粮食体积应达到109立方米，重量约69100千克。这足以说明当时磁山的农业已经有了很大的规模。这一考古发现表明，中国不仅是最早栽培粟的国家之一，而且是世界上唯一从粟开始发展的农业国家。

汉字学习

甲骨文　小篆　康熙字　楷书

粟，读音 sù，会意字。甲骨文中，"粟"的文字图形是弯曲的"禾"，圈点强调的是谷穗的籽实。在北方，粟被称为"谷子"，加工去皮后就是如今常见的小米。因为粟是常见的农作物，因此后来常被用作粮食的代称。

粟（谷子）

甲骨文　金文　说文　秦系简牍　楷书

黍（黄米）

黍，读音 shǔ，形声字。古代专指一种子实叫黍子的一年生草本植物。黍属于谷类，去皮后称大黄米，煮熟后有黏性，北方的年糕和黄米粽子都是黍子做成的。"黍"字中有水，表示黍子可以酿酒。最初的汉字都来源于生活，古人造字的时候，对事物的观察非常细致，能够发现事物的细微区别，比如说，"粟"的穗子单一，甲骨文为 ；"黍"的穗子多而披散，甲骨文写成 。"粟"与"黍"如图所示。

《诗经·王风·黍离》

知识链接

王风·黍离

彼黍离离，彼稷之苗。行迈靡靡，中心摇摇。
知我者，谓我心忧；不知我者，谓我何求。悠悠苍天，此何人哉？
彼黍离离，彼稷之穗。行迈靡靡，中心如醉。
知我者，谓我心忧；不知我者，谓我何求。悠悠苍天，此何人哉？
彼黍离离，彼稷之实。行迈靡靡，中心如噎。
知我者，谓我心忧；不知我者，谓我何求。悠悠苍天，此何人哉？

《王风·黍离》是《诗经》中的著名诗歌。周平王东迁不久，朝中一位大夫行役至西周都城镐京，满目所见，城阙早已没有了昔日的繁华，只有繁茂的黍稷苗在尽情地生长。这位大夫不禁悲从中来，发出"知我者，谓我心忧；不知我者，谓我何求。悠悠苍天，此何人哉"的感叹。后世用"黍离之悲"表示沉痛的家国之悲。

【注释】

1. 黍（shǔ）：北方的一种农作物，形似小米，煮熟后有黏性。
2. 离离：行列。
3. 稷（jì）：古代的一种粮食作物，指粟或黍属。
4. 行迈：行走。
5. 靡靡：行步迟缓的样子。
6. 中心：心中。
7. 摇摇：心神不定的样子。
8. 悠悠：遥远的样子。
9. 噎（yē）：堵塞。

《诗经·王风·黍离》（何龙芬 绘）

【译文】

看那黍子一行行，高粱苗儿也在长。迈着步子走且停，心里只有忧和伤。
知我者说我心忧，不知我者说我有求。高高在上苍天啊，何人害我离家走？
看那黍子一行行，高粱穗儿也在长。迈着步子走且停，如同喝醉酒一样。
知我者说我心忧，不知我者说我有求。高高在上苍天啊，何人害我离家走？
看那黍子一行行，高粱穗儿红彤彤。迈着步子走且停，心中如噎一般痛。
知我者说我心忧，不知我者说我有求。高高在上苍天啊，何人害我离家走？

6. 河姆渡炭化稻

世界上究竟是谁最早培植了水稻？关于这个问题，学术界已经争论了100多年。

1973年，在浙江余姚距今7000年前的河姆渡文化遗址的出土物中，发现了大批稻谷、米粒、稻根和稻秆堆积物。这一发现，使得中外学者不得不重新得出结论：这些丰富的遗存证明，早在7000年前，我国长江下游的原始居民已经完全掌握了水稻的种植技术，并把稻米作为主要食粮。世界上最早的种稻人，就是长江下游的中国先民。

2004年，中美联合考古队在湖南永州道县寿雁镇白石寨村的玉蟾岩遗址发现了五枚炭化的稻谷。这里出土的稻谷是一种兼有野、籼、粳综合特征的特殊稻种，体现了从普通野生稻向初期栽培稻演化的原始性状，经测定，玉蟾岩古栽培稻距今约1.2万年，这是目前世界上发现最早的人工栽培稻标本。

河姆渡炭化稻
中国国家博物馆藏

汉字学习

金文　　小篆　　康熙字　　楷书

舀，读音 yǎo，会意字。甲骨文中没有"舀"字，我们从金文和小篆中可以看出，"舀"字的字形，上面是一只手，也就是说，手到"臼"（jiù）中取东西就是"舀"。将舂好的米从臼中取出来，这就是汉字"舀"的最初字形。后人用瓢或者勺子取东西，也称为舀。

金文　　小篆　　康熙字　　楷书

稻，读音 dào，形声字，本义是水稻。水稻是谷物的一种，去壳后称"大米"。理解了汉字"舀"之后，我们就可以很好地理解"稻"这个字的造字方法：金文的"稻"字左边写成"米"，稻，表示从臼中取米，小篆把"米"改写为"禾"，稻。所以，"稻"就是在臼中舂捣去壳后才能吃的谷物。

 知识链接

《秋日田园杂兴十二绝》 其八

秋日田园杂兴十二绝（其八）

（宋）范成大

新筑场泥镜面平，家家打稻趁霜晴。

笑歌声里轻雷动，一夜连枷响到明。

【注释】

1. 新筑场泥镜面平：新造的场院地面平坦得像镜子一样。
2. 霜晴：指霜后的晴天。
3. 轻雷：指人声和连枷声。
4. 连枷：通过击打而使谷壳剥落的农具，由一个长柄和一组平排的竹条或木条构成，用于谷物、小麦、豆子、芝麻等农作物的脱粒。

用连枷脱粒

7. 仙人洞古陶罐

江西仙人洞古陶罐
中国国家博物馆藏

江西景德镇是世界闻名的瓷都。然而，没有多少人知道，江西的万年县是世界陶器的鼻祖。

江西仙人洞遗址，发现于20世纪60年代，为典型的洞穴遗址，这里发现了从旧石器时代晚期到新石器时代早期人类活动的遗存。遗址内出土了早期的陶器。这些陶器制作手段比较原始，陶体质地粗糙，结构疏松，胎体厚重，表面凹凸不平，器形不甚规整，厚薄不甚均匀。这正是早期陶器最显著的特点。中、美、德考古学家曾对这些陶罐进行过测定，最终将陶罐的年代确定为距今20000年。这是目前世界上发现的最古老的陶罐。

汉字学习

金文　说文　楷书

匋，读音 táo，会意字。"匋"的金文字形是一个人弯曲着身体用杵制作陶器。这个字的本义是制陶器，也指已经制好的陶器。"匋"成为汉字的偏旁后，便出现了另造的汉字"陶"来表示陶器之义。许慎《说文解字》："匋，瓦器也。"

陶器的制作与影响

知识链接

陶器是新石器时代遗址中最常见的文物。它不但是当时先民最重要的生活用具，还可以反映当时的生产技术和工艺水平。

陶器是如何制作的呢？

陶器是古代先民常用的器具，一般以粘土为胎，经过手捏、轮制、模塑等方法加工成型后烧制完成。低温陶烧制的温度一般在 700—900 摄氏度，高温陶烧制的温度需要达到 1000—1200 摄氏度。陶艺的制作按工艺顺序可分为原料加工（包括配泥和配釉）、泥坯塑制、赋釉及煅烧四大工序。

陶器分为红陶、灰陶、黑陶和白陶。白陶的出现，标志着古人开始使用含铁量极少的高岭土，而陶器的原料调配以及烧成温度的不断改进，都为后世瓷器的出现创造了有利条件。

蛋壳黑陶杯
山东博物馆藏

陶器的产生和发展，不仅是我国古代灿烂文化的重要组成部分，也对人类文明做出了极大的贡献。陶器的出现使得古代先民定居的生活形式得以巩固下来。马克思在谈到人类对陶器的使用时曾说，它在某种程度上控制了食物的来源，从而开始了人类的定居生活。

8. 鹳鱼石斧图彩陶缸

鹳鱼石斧图彩陶缸在文物界可是大名鼎鼎，位列第一批不可出国展出的珍贵文物之首。

这件彩陶缸 1978 年出土于河南临汝县（今汝州市）的阎村遗址，属新石器时代仰韶文化，距今已有 6000 年左右的历史。陶缸为红陶砂质，高 47 厘米，口径 32.7 厘米，底径 19.5 厘米。

这件陶缸的器腹外壁描绘着著名的鹳鱼石斧图。图高 37 厘米，宽 44 厘米，约占缸体表面积的一半，画面真实生动，色彩和谐，古朴优美，极富意境。这是中国迄今发现的年代最早、面积最大的陶画。画面上，鹳身被涂抹成白色，犹如后代中国画的"没骨"画法；石斧和鱼的外形则采用"勾线"画法，用简练、流畅的粗线勾勒出轮廓；斧、鱼身中填充色彩，类似后代中国画的"填色"画法。由于这幅陶画已经具备了中国画的一些基本画法，所以，有专家认为它是中国画的雏形。

鹳鱼石斧图彩陶缸
中国国家博物馆藏

汉字学习

甲骨文　金文　说文　秦系简牍　楷书

斤，读音 jīn，象形字。在甲骨文中，"斤"字的字形上面是横刃，下面为曲柄。"斤"的本义是指斧子一类的工具，在古代，斤就是斧头。许慎《说文解字》："斤，斫木斧也（砍木头的斧头）。""斤"后用作偏旁，凡从"斤"取义的字皆与斧子等义相关，如折、析、断、斩、砍等，后来才借用为重量单位，如缺斤少两。

甲骨文　金文　楚系简帛　说文　秦系简牍　楷书

父，读音 fù，象形字兼指事字。在甲骨文中，"父"的字形是一个人手里拿着一柄石斧，表明它代表石斧。金文画出石斧的形状，更加形象。"父"字的本义就是手拿石斧。在石器时代，石斧是重要的生产工具，同时也是兵器，是权力的象征，所以自然由生活中的重要人物执掌，由此引申为对男性长辈的统称，如祖父、伯父、叔父等，后来专指"父亲"。许慎《说文解字》："父，矩也，家长率教者，从又（手）举杖。"意思是父亲是立规矩者，是一家之长，是教育子女的引领者，所以字形是手举木杖。

熟悉了"斤"和"父"，就能更好地理解"斧"这个汉字。"斧"读音 fǔ，形声字，是"父"和"斤"的组合。由代表力量和地位的男性"父"执掌"斤"，"斧"也由此成为地位和权力的象征。后世表示砍伐工具时都用"斧"，所以"斤"字中原本代表斧子的含义逐渐变得不为大家知晓，后来被更多地用作重量单位。

知识链接 运斤成风的故事

成语"运斤成风"出自《庄子·徐无鬼》：庄子送葬，过惠子墓。顾谓从者曰："郢人垩（è）慢其鼻端，若蝇翼。使匠石斫（zhuó）之，匠石运斤成风，听而斫之，尽垩而鼻不伤；郢人立不失容。宋元君闻之，召匠石曰：'尝试为寡人为之。'匠石曰：'臣则尝能斫之。虽然，臣之质死久矣。'自夫子之死也，吾无以为质矣，吾无与言之矣。"

庄子送葬，经过惠子的墓地，对跟从的人说，楚国的郢都有个勇敢沉着的人，他的朋友石是个技艺高明的匠人。有一次，他们表演了这样一套绝活：郢人在鼻尖涂上像苍蝇翅膀一样薄的白粉，让石用斧子把这层白粉削去。只见匠人不慌不忙地挥动斧头，呼地一声，白粉完全被削掉，郢人的鼻尖却丝毫没有受到损伤，郢人也仍旧面不改色，若无其事地站在那里。这件事被宋国的国君知道了，他非常佩服石的绝技和郢人的胆量，很想亲眼看一看这个表演。于是，国君恭恭敬敬地把石请来，让他再表演一次。石说："我的好友已经去世，我失去了唯一的搭档，再也没法表演了。"庄子说："自从惠子死后，我没有了搭档，自己的辩才也无从发挥了。"

运斤成风这个故事告诉我们，评价一个人的成就不能忽略与之相关的其他人的努力；分析一件事情除了研究其本身，还要看到与之相关联的其他方面。

运斤成风（康军 绘）

9. 陶釜

釜是原始先民常用的食器,对后世文化产生过很大的影响。

图中的陶釜1974年出土于浙江余姚河姆渡遗址。在古代,釜是重要的烹饪器具,新石器时代的釜主要是陶釜。这种陶釜圆底无足,必须安置在炉灶之上或以其他物体支撑煮物。陶釜不仅仅可以用来煮饭,还有多种用途。从河姆渡出土的大量动物遗骸中可以看出,当时的河姆渡人用它煮、炖、焖、蒸,烹饪出很多美味的食物。《诗经·召南·采蘋(pín)》中曾有这样的诗句:"于以湘之?维锜及釜。"意思是说,采回来的蘋菜如何烹煮呢?当然是用锜和釜。锜(qí)是一种三足锅,西汉经学家毛亨传曰:"有足曰锜,无足曰釜。"

陶釜
中国国家博物馆藏

汉字学习

小篆　康熙字　楷书

釜，读音 fǔ，形声字。本义是古代的炊器，类似现在的锅具，敛口圆底，或有二耳，行于汉代，有铁制的，也有铜或陶制的。曹植《七步诗》中有"萁在釜下燃，豆在釜中泣"的诗句。釜也是古代的量器，春秋战国时代流行于齐国，目前考古发现的作为量器的釜有战国时的子禾子釜和陈纯釜，都作坛形，小口大腹，有两耳。

 破釜沉舟的故事

知识链接

成语"破釜沉舟"出自《史记·项羽本纪》："项羽乃悉引兵渡河，皆沉船，破釜甑（zèng），烧庐舍，持三日粮，以示士卒必死，无一还心。"

公元前 208 年，项羽率楚军到达巨鹿县南的漳水与秦军作战。项羽率领全军渡过黄河漳水，然后下令凿沉渡河的船，砸碎做饭的锅，烧掉房屋帐篷，只带三天的干粮，以示不胜则死的决心。已经没有退路的楚军将士以迅雷不及掩耳之势直奔巨鹿，击败保护甬道的秦军，包围了秦将王离的军队。项羽的决心和勇气，对将士起到了很大的鼓舞作用。楚军士气振奋，以一当十，越战越勇。经过九次激烈的战斗，楚军终于打退秦军，围困巨鹿的秦军就这样土崩瓦解，项羽也因为巨鹿之战而名声大噪。破釜沉舟比喻下决心，不顾一切干到底。

10. 马家窑旋涡纹彩陶瓮

马家窑文化（公元前3700—前2000年）是新石器时期华夏文明晨曦中最绚丽的一道霞光，它不仅包含着史前新石器时期众多神秘的社会信息和文化信息，还因绚丽典雅的艺术风格闻名于世，其艺术成就达到了登峰造极的高度。

旋涡纹彩陶瓮1956年出土于甘肃省永靖县，其造型和图案精美绝伦，被誉为中国的"彩陶之王"，并被列为国家一级文物。这件彩陶瓮器高50厘米，口径18.4厘米，底径15.9厘米。陶瓮外壁用黑彩绘出上、中、下三层纹饰。上层为花卉纹，中层为旋涡纹，下层为水波纹。这件"彩陶王"通体共有四组波浪式大旋涡纹，每组旋涡纹各以同心圆为主体，尾随大弧线纹，构成后浪推前浪的卷浪式，三角空间处又补以同心圆纹。整个画面既像水面的层层涟漪，又仿佛湍急的激流形成的大小旋涡。旋涡纹彩陶瓮体现了古代先民与黄河之间的亲密情感，是古人高度智慧的结晶，也是新石器时代彩陶的杰出代表作。

彩陶上绘制的旋涡纹，显现了中国古代先民对于水流旋转运动的认知。

旋涡纹彩陶瓮
中国国家博物馆藏

汉字学习

甲骨文　金文　小篆　康熙字　楷书

　　水，读音 shuǐ，象形字。甲骨文中，"水"字的字形就像水流的形状，中间蜿蜒流动的是水脉，两边像水滴或流水，形象而生动。"水"的本义是河流。"水"与先民的生命和生活密切相关。水做偏旁，皆与水流等义有关，在左边写作"氵"，如海，在下写作"水"如泉、浆。

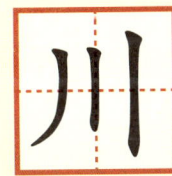

甲骨文　金文　楚系简帛　说文　楷书

　　川，读音 chuān，象形字。"川"字最早见于商代甲骨文，本义是河流、水道。字形中左右是岸，中间是流水，正像河流的形状。《论语·子罕》中说："子在川上曰：'逝者如斯夫，不舍昼夜。'"凡有河的地方都会有平地，所以"川"又指山间或高原上平坦而地势低的地带，即平川。崔颢《黄鹤楼》中即有这样的诗句："晴川历历汉阳树，芳草萋萋鹦鹉洲。"

望洋兴叹（节选自《庄子·秋水》）

知识链接

秋水时至，百川灌河，泾流之大，两涘（sì）渚（zhǔ）崖之间不辨牛马。于是焉河伯欣然自喜，以天下之美为尽在己。顺流而东行，至于北海，东面而视，不见水端。于是焉河伯始旋其面目，望洋向若而叹曰："野语有之曰'闻道百，以为莫己若'者，我之谓也。"

这段话的意思是说，秋汛按时而至，千百条河流注入黄河，水面极为宽阔，两岸和州渚之间放眼望去，看不见对岸的牛马。于是河伯沾沾自喜，以为天下的壮美之景都在自己这儿了。河伯顺流东下，到了渤海，向东望去，看不见水的边际。于是河伯转过脸来，望着汪洋大海，对海神若感叹说："俗语说，'听到许多道理之后，就以为没有人能比得上了'，这样的人，说的就是我呀。"

望洋兴叹（张海英 绘）

11. 鲵鱼纹彩陶瓶

这只陶瓶上的娃娃鱼双目圆睁，望着这个世界。它已经走过了5000年。当5000年后的我们和这双睁大的眼睛对望时，制造和使用它的人都早已归于尘土，只有这个陶瓶和这条鱼在无尽的时空里与注视它的眼睛无数次相遇，只有它可以超越时间，一直凝望下去。

这只鲵鱼纹彩陶瓶属仰韶文化中期文物，出土于甘肃天水的西坪遗址，距今5500多年，是国宝级文物。陶瓶高38厘米，口径6.8厘米。器身饰鲵鱼纹，纹饰线条流畅，图案精美，器形雅致。有学者认为，鲵鱼纹是对娃娃鱼的真实描绘，表现的是一种自然物象；也有人认为人格化的鲵鱼纹是"龙身而人头"的伏羲氏的雏形，因为这件彩陶瓶出土于传说中的伏羲氏诞生地。还有人认为陶瓶上绘制的鲵鱼可能是龙的化身，也许还是龙图腾崇拜的雏形。

鲵鱼纹彩陶瓶
甘肃博物馆藏

汉字学习

甲骨文　金文　小篆　康熙字　楷书

儿，读音 ér，象形字。"儿"的繁体字写作"兒"。在甲骨文中，"儿"字下面是一个身小头大的娃娃，上面开口的地方是小孩没有封闭的囟（xìn）门。"儿"字的本义就是幼儿。

楚系简帛　说文　楷书　楷书

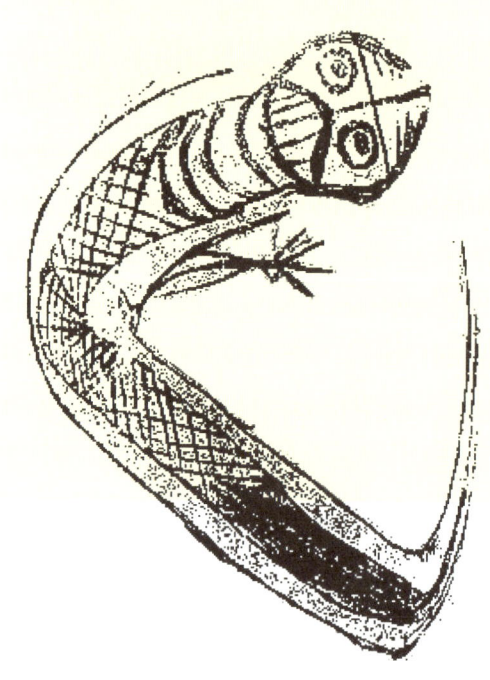

鲵，读音 ní，会意兼形声字，从鱼，兒（ní）声。汉字"鲵"是"兒"和"鱼"的组合，也就是娃娃和鱼的组合，非常形象。鲵在今天仍然被称为娃娃鱼。《本草纲目·鳞部四》："鲵，生山溪中，似鲇有四足；长尾，能上树……声如小儿啼。"

知识链接

伏羲与女娲的传说

伏羲和女娲在中国可谓家喻户晓。他们被认为是华夏民族人文先始，也是福佑社稷之正神。楚帛书记载其为创世神，是中国有文献记录的最早的创世神，所处时代约为旧石器时代中晚期。

相传伏羲人首蛇身，与女娲兄妹相婚，生儿育女。他根据天地万物的变化，发明创造了占卜八卦，创造文字，结束了"结绳记事"的历史。伏羲结绳为网，用来捕鸟打猎，并教会了人们渔猎的方法。他还发明了瑟，创作了最早的乐曲。虽然这都属于传说，但这些传说绝非凭空杜撰。在华夏文明萌发的过程中，一定会有这样一个开创性人物，为文明肇始做出过重大贡献，所以，后人才会铭记其事迹，并代代相传。

女娲被称作创世女神。相传女娲以黄泥仿照自己的模样抟（tuán）土造人，创造人类社会，并建立婚姻制度。后因世间天塌地陷，女娲熔彩石以补苍天，斩鳌足以立四极，留下了女娲补天的神话传说。

《伏羲女娲图》
新疆维吾尔自治区博物馆藏

博物馆里的大语文　041

12. 陶鹰鼎

一只凶猛的鹰，站立了千年，用它锋利勾曲的喙（huì）、威猛的眼睛，敦实粗壮的大腿，傲然的姿态，睥睨了人类在漫长历史中的胜败兴衰以及生命的生死枯荣，就这样，在时间的长河里，它把自己站成了永恒。

陶鹰鼎属于新石器时代后期仰韶文化文物，1957年出土于陕西华县太平庄。陶鹰鼎高35.8厘米，口径23.3厘米，最大腹径32厘米。鹰鼎造型结构简洁，体积感很强。雄鹰伫足站立，前胸为鼎腹，饱满浑圆，两腿粗壮且中空，器口开在鹰的背部，这种设计使鼎增加了容积和吸热效能。雄鹰双目圆睁，周身光洁未加纹饰，喙（huì）部呈有力的勾状。鹰的双翅围过鼎的中后部，形成一种前扑的动势，配上头部的大眼与利喙，使得这只鹰的形象显得威风凛凛，桀骜雄猛。鹰鼎形神具备，是原始艺术与实用功能的完美结合。鼎是王者之器，这件鹰鼎也代表了墓主人的权势与地位。如今，陶鹰鼎已被中国国家文物局列入首批禁止出国（境）展览文物目录。

陶鹰鼎
中国国家博物馆藏

汉字学习

金文　篆文　隶书　繁体楷书　简体楷书

　　鹰，读音 yīng，会意字。"鹰"字在金文中的字形像人腋下的一只鸟，有人的胸前或臂腋间架有猎鹰之意。鹰是猛禽，猎人通过驯养，可以让它帮助打猎，放在腋下或臂上，还可以捕食小兽和其他鸟类。在先民的狩猎生活中，鹰的地位很高，它的勇猛和力量使人惧怕，因此，鹰是威权和地位的象征，驯化之后，鹰又成为猎人的伙伴。金文中的"鹰"字就体现了鸟类和人的特殊关系。

金文　楚系简帛　说文　秦系简牍　繁体楷书　简体楷书

　　应，读音 yīng 或 yìng，形声兼会意字。"应"的繁体字是"應"。金文的"应"和"鹰"是同一个字，后来加上"心"，变成"應"。鹰经过驯化后能明白主人的心意，鱼鹰、隼（sǔn）鹰等还可以帮助猎人捕猎。正是因为人与鹰存在这种感应（yìng），所以表示"應答""呼應"的"應"是"鹰"省略"鸟"再加上"心"组成的，后来简化为"应"。"应"字的本义是应对，应答，后引申为适应，适合心意。许慎《说文解字》："应，当也。"后又由本义引申为"应该""应当"，用此义时读 yīng，意思是心里认为应当如此。如"此曲只应天上有，人间能得几回闻"。

博物馆里的大语文

知识链接：中国文化中鹰的象征意义

鹰是肉食性动物，体态雄伟，性情凶猛，在动物学上被称为猛禽类，是天空真正的"王者"。鹰有一双敏锐的"千里眼"，有一副强壮的脚和锐利的爪，有捕捉动物时迅捷的速度，有勇往直前的精神和锲而不舍的韧劲。所以，鹰被人们赋予了自由、勇猛、顽强、速度、力量、胜利等文化符号。

在中国，人们对鹰的崇拜可追溯至原始社会的部落图腾。如收藏于天津博物馆的青玉鹰攫人面珮。这枚玉佩属于新石器时代龙山文化，质地为青玉，上面鹰的形象是展开双翅，双爪紧紧抓着一个人面，被抓的人瞠目惊恐，高举双手，与鹰翅相连。玉佩上的鹰昂首侧视，有着王者的霸气与威严。据专家研究，此玉饰有可能是山东龙山文化先民用于图腾崇拜的"族徽"，象征借助鹰的凶猛矫健之力降服敌族。

对鹰的崇拜更多来源于草原游牧民族。鹰有着高超的飞翔技术和凶猛的擒拿本领，于是，猎人们开始驯鹰，让它成为自己狩猎的助手。强悍的哈萨克猎人训练金雕来捕杀野狼，所向无敌，百无一失。因此在中国北方的游牧民族中，鹰被奉为神鸟，是神的化身。

在文学艺术中，鹰常常用来比喻博大胸襟和无畏气概。毛泽东在《沁园春·长沙》中有"鹰击长空，鱼翔浅底"之句，表现青年毛泽东以天下为己任，改造旧中国的豪情壮志。

徐悲鸿善画马也善画鹰，在画中，作者突出雄鹰敏锐威猛的眼睛，锋利的喙，尖利的双爪，翱翔的双翅，展示了鹰击长空，无畏无惧的气概。在1941年抗战之际，徐悲鸿作此画，以鼓舞抗日斗志，振奋民族精神。

徐悲鸿《雄鹰》

13. 人头形器口彩陶瓶

这件陶瓶上面，有一个端庄古朴的美女头像，她的额头上是刘海还是帽檐？这个形象，代表的是古羌族的少女，还是母系氏族的生殖崇拜？无论专家如何猜想，这个美丽的少女都在那里静静地凝望。细长的眼睛，高高的鼻梁，小小的嘴巴，都凝固了这一神秘的形象。

它来自甘肃天水的人地湾遗址，距今已有7000—5000年，属于仰韶文化。这件陶瓶是用细泥红陶制作的，器高31.8厘米，口径4.5厘米，底径6.8厘米。器形为两头略尖的长圆柱体，下部略内收，腹双耳已残。瓶口的人像两耳各有一小穿孔，头顶圆孔做器口，腹以上施橙红色陶衣。瓶身上以黑彩画绘制了三组弧线三角纹和斜线组成的二方连续图案。在大地湾遗址出土的陶器中，这件陶瓶是唯一一件人像泥塑彩陶。

人头形器口彩陶瓶
甘肃省博物馆藏

它浓缩了大地湾先民的审美意识以及丰富的社会历史内涵，是我国史前时期集彩陶、雕塑于一身的杰出艺术作品，属国宝级文物。

汉字学习

甲骨文　金文　楚系简帛　说文　秦系简牍　楷书

女，读音 nǚ，象形字。甲骨文中，"女"字的字形像一个静静跽（jì）坐，双手放在腿上的淑女形象。"女"字表现出女子柔顺静美的特点。"女"字的本义是未嫁的女子，如《诗经·邶风·静女》中所写的"静女其姝"。人头形器口彩陶瓶上的女子就是这样一个"静女"的形象。

甲骨文　金文　篆文　康熙字　楷书

母，mǔ，象形字。甲骨文是一个跽坐的女性形象，在两臂之间加两点，是突出妇女两乳之象形，表示已生育而有乳。本义是养育孩子的母亲。母和女两个甲骨文的象形非常传神，（母）是一个生育后乳房丰满的母亲，（女）是一个娴静端坐的淑女。母为女性，后来泛指女性长辈，如姑母、伯母。母也有性别上的区分意义，主要用于动物，与雄性（公）相对，如母鸡、母牛。

知识链接

《诗经·邶风·静女》

邶风·静女

静女其姝，俟我於城隅。

爱而不见，搔首踟蹰。静女其娈，贻我彤管。

彤管有炜，说怿女美。自牧归荑，洵美且异。

匪女之为美，美人之贻。

《邶（bèi）风·静女》是《诗经》中的一首美好的爱情诗，全诗展现的是男女相会的内容，以男子的口气写所见女子的美丽，写自己约会时的心情，语言浅显，充满乐趣。

【注释】

1. 姝 (shū)：美好。
2. 俟 (sì)：等待。
3. 娈：与"姝"同义。
4. 贻：赠送。
5. 彤 (tóng)：红色。彤管：涂红的管子。一说为与"荑"同类的植物，一说为红管的笔。
6. 踟蹰 (chí chú)：徘徊，心中犹疑。
7. 炜 (wěi)：鲜明。
8. 说怿 (yuè yì)：心喜。
9. 女：通"汝"。这里指彤管。
10. 牧：郊外。
11. 归 (kuì)：通"馈"，赠送。
11. 荑 (tí)：初生的白茅。
12. 洵 (xún)：诚然，确实。洵美且异：确实好看而且出奇。

【译文】

闲雅的姑娘真美丽，等我城上角楼里。
故意躲藏让人找，搔首徘徊心着急。
文静的姑娘长得好，送我一只红管草。
管草红得亮闪闪，爱它颜色真鲜艳。
送我嫩茅自郊外，嫩茅美好有奇彩。
不为嫩茅有多美，只因美人亲手摘。

邶风 静女（鄂宝莹 绘）

14. 人形蛙纹彩陶罐

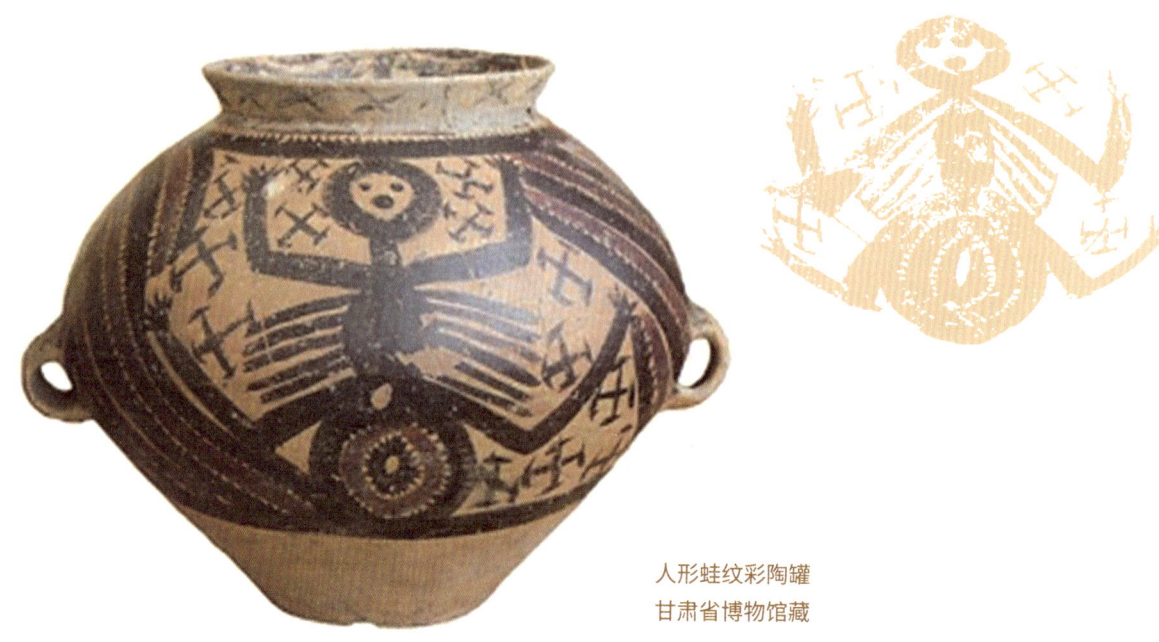

人形蛙纹彩陶罐
甘肃省博物馆藏

  这件彩陶上面的人形图案，到底是蛙还是人？是巫还是神？5000年来，她一直不停地舞蹈，似乎在向人们传递着某种神秘的信息。

  人形蛙纹彩陶罐出土于甘肃定西的临洮县，属马家窑文化。罐体上有一个人形的青蛙形象，就像是双手指天的女娲，四肢舞动的姿态简单而张扬。王志安在《马家窑彩陶文化探源》一书中认为，这类彩陶罐上的纹饰反映了远古羌族先民心中神圣的蛙神的形象。画面中有多个神秘符号，经过对这种特殊图符的互证，王志安最终认定这个符号就是中国最早的"巫"字。画面中的女巫四肢舞动，动作夸张，腰部的装饰似乎也在舞动中飞扬，她正在尽情地舞蹈，以祈求神的降临和福佑。也许她就是能够和天或神对话和沟通的使者，是吸附了大自然的灵性而具有超自然神力的人或动物之灵。

汉字学习

 甲骨文　金文　小篆　康熙字　楷书

巫，读音 wū，象形字。甲骨文中"巫"字的字形就像巫师使用的道具。这个字的本义是指古代那些自称能以舞降神的人，也就是巫师。在小篆和秦汉隶书中，这个字演变成"工"形，两侧各有一个"人"形。"巫"在后来常常特指女巫。《说文》："巫，祝也（主持祭礼者）。女能事无形，以舞降神者也（能够敬奉无形迹的神灵，并能用舞蹈请神灵降临的女人）。"

知识链接　《诗经·陈风·宛丘》

陈风·宛丘

子之汤兮，宛丘之上兮。洵有情兮，而无望兮。

坎其击鼓，宛丘之下。无冬无夏，值其鹭羽。

坎其击缶，宛丘之道。无冬无夏，值其鹭翿。

"陈风"就是西周时期陈国的民歌。陈国的位置大约在现在的河南周口附近。陈国好祭祀，"巫"风盛行，女子多善歌舞。《陈风·宛丘》写女巫在高台上尽情、

忘我地舞蹈，舞姿奔放热烈，鼓声叮咚，身上装饰的羽毛也在随着舞蹈飘扬。台下的一个男子疯狂地爱上了这个跳舞的人，他知道这是无望的爱恋，人神无果的单恋，但他依然醉心于她的舞蹈，因为她的舞姿是那样的无所顾忌，跳出了生命的热烈与率性，"子之汤兮，宛丘之上兮"。可以说，这首诗歌是对"人形蛙纹彩陶罐"上面无数个"巫"字符号和尽情舞蹈的女性形象的最好注释。

【注释】

1. 宛丘：四周高中间平坦的土山。
2. 子：你，这里指女巫。汤（dàng）："荡"之借字。这里是指舞动的样子。一说游荡，放荡。
3. 洵：确实，实在是。有情：有意于对方。
4. 望：希望。
5. 坎其：即"坎坎"，描写击鼓声。
6. 无：不管，不论。
7. 值：持或戴。鹭羽：用白鹭羽毛做成的舞蹈道具。
8. 缶（fǒu）：瓦制的打击乐器。
9. 鹭翿（dào）：用鹭羽制作的伞形舞蹈道具。聚鸟羽于柄头，下垂如盖。

【译文】

你舞姿回旋飘荡，舞动在那宛丘之上。我真心爱慕你啊，只可惜没有希望。
鼓儿敲得咚咚响，舞动在宛丘平地上。无论寒冬与炎夏，洁白鹭羽手中扬。
瓦缶敲得当当响，舞动在宛丘大道上。无论寒冬与炎夏，头戴鹭羽真漂亮。

15. 舞蹈纹彩陶盆

舞蹈纹彩陶盆
中国国家博物馆藏

陶盆上，一群舞者在尽情地跳舞，并且陶醉其中，舞出了先民生命的韵律。

舞蹈纹彩陶盆属于新石器时代后期的马家窑文化，出土于青海大通县的上孙家寨墓地。陶盆高14.1厘米，口径28厘米。盆内壁饰三组舞蹈图。舞蹈图上，每组均为五人，舞者手拉着手，面朝右前方，步调一致，似踩着节拍翩翩起舞。舞者飘扬的头饰、飘动的斜向彩带，都表现出舞蹈的动感。他们跳的或许是狩猎舞，或许是图腾舞或丰收舞，也有可能是爱情舞，对此，专家们说法不一。不过，不管怎样，后人都可以从中窥见5000多年前先民的生活情趣和审美追求。这件彩陶盆属国家一级文物，已被列入禁止出境展览文物目录。

舞蹈起源于劳动和生活，同样，汉字的创造也来源于生活。先民最初刻在岩壁上的舞蹈图画，就是"舞"字的最初字形。

汉字学习

甲骨文　金文　说文　楷书

　　舞，读音 wǔ，象形字。在甲骨文中，"舞"字的字形就像一个人手里拿着东西，两脚张开舞蹈的样子。"舞"的本义是舞蹈，金文将它写成了脚跟相对、脚尖朝外、手拿道具舞动的样子。许慎《说文解字》："乐也，用足相背，从舛，無声。"也就是说，"舞"是用两足相背的形象，表示众人一起踢踏跳跃。

知识链接

《诗经·陈风·东门之枌》

陈风·东门之枌

东门之枌，宛丘之栩。子仲之子，婆娑其下。

穀旦于差，南方之原。不绩其麻，市也婆娑。

穀旦于逝，越以鬷迈。视尔如荍，贻我握椒。

　　《东门之枌》是一首描写舞蹈的诗歌。青年男女们在山坡、在树下、在闹市相聚舞蹈。在良辰时光，他们不织布，不纺麻，来到闹市尽情跳舞，男女两情相悦，交换信物，反映出当时陈国独特的风俗。

【注释】

1. 枌（fén）：木名，即白榆。
2. 栩（xǔ）：柞木。
3. 子仲之子：子仲氏之女。

东门之枌（付爱民 绘）

4. 婆娑（pó suō）：舞貌。
5. 榖（gǔ）：善。榖旦：指好天气的早晨。于：语助词。差：择。
6. 原：高而平阔的土地。南方之原：即指东门和宛丘。那儿是歌舞聚乐的地方，也是市井所在的地方。
7. 市：买卖货物的场所。
8. 逝：往。这句是说，好日子快要逝去了。
9. 越以：发语词。鬷（zōng）：频。迈：行。鬷迈：跳舞次数更频繁。
10. 荍（piáo）：植物名，又名荆葵。这里，诗人是在以荆葵花比喻所爱的女子。
11. 握椒：一把花椒。赠椒是指男女之间赠送表示爱情的信物，和"赠之以芍药"意思相同。

【译文】

东门有白榆，宛丘有栎树；子仲家的姑娘，在大树下跳舞。
正是好时光，南方平原上；不用纺麻线，闹市舞一场。
年华匆匆走，寻欢快快来；我看你像荆葵花，你送我花椒一把。

16. 蜷体玉龙

蜷体玉龙
中国国家博物馆藏

龙是中华民族的图腾，我们都是龙的传人。蜷体玉龙被称为"中华第一龙"。

蜷体玉龙出土于内蒙古赤峰市的翁牛特旗，属新石器时代红山文化，距今大约5000年。这件玉龙是用墨绿色的岫玉制作的，龙体卷曲，平面形状像一个"C"字，直径2.3—2.9厘米。玉龙口闭吻长，鼻端前突，上翘起棱，有并排两个鼻孔，颈上有长毛，尾部尖收而上卷，形体为猪首蛇身的龙的形象，也有学者认为它是狼首龙身形象。玉龙生气勃勃，似有腾飞之状。这件蜷体玉龙是国家一级文物。

中华民族一向以"龙的传人"自居，龙的起源同我们民族历史文化的形成和文明时代的肇始紧密相关。从这个意义上来说，红山玉龙的发现具有重大的文化价值。

汉字学习

甲骨文　金文　楚系简帛　说文　秦系简牍

龙，读音 lóng，象形字。龙是古代传说中的一种神异动物。"龙"的形象究竟是什么样子的呢？甲骨文中的"龙"和红山文化的"蜷体玉龙"特别相似，都是身体蜷曲，头上有装饰。许慎《说文解字》："龙为鳞虫之长。能幽，能明，能细，能巨，能短，能长；春分而登天，秋分而潜渊。"龙是先民们集合多种动物的特性创造出来的，为四灵（麟、凤、龟、龙）之长，也是中华民族的图腾。

安禄山变猪龙的故事

知识链接

安禄山出身西域康国，精通九蕃语言，深得唐玄宗的信任和赏识，天宝年间平步青云，兼任平卢、范阳和河东三镇节度使。据说安禄山很胖，体重有三百多斤，肚子垂过膝盖。唐玄宗问他肚子里面装的是什么，安禄山善于迎合皇帝，说："我一肚子都是对皇上的忠心。"玄宗宠信安禄山，经常叫安禄山来喝酒，一喝就喝到深夜，安禄山醉了，就睡在皇宫里。一次，宫女下人报告玄宗，说安禄山喝醉睡着后，居然变成了一只猪，而这只猪居然长着一个龙头。玄宗不在意地说："他就是个猪龙，什么事情都成不了！"但是，这个猪龙却改变了历史。天宝十四年(755)，安禄山以诛杀宰相杨国忠为名，发动安史之乱。长安被叛军攻破，唐玄宗被迫逃亡四川，路上又发生了马嵬兵变，杨国忠被杀，玄宗的爱妃杨玉环被赐死。大唐江山元气大伤，盛世不再。宋代诗人范成大在《题<开元天宝轶事>》诗中曾写道："忽报猪龙掀宇宙，阿瞒虚读相书来。"阿瞒即玄宗，诗的意思是说，玄宗白白读了那么多书，没能看出安禄山这只猪龙会搞出大事情。

博物馆里的大语文

17. 河姆渡陶钵

河姆渡陶钵
浙江省博物馆藏

猪纹陶钵出土于河姆渡遗址，距今 7000—5300 年，钵口长 21.7 厘米，口宽 17.5 厘米，通高 11.7 厘米，底长 17 厘米，底宽 13.5 厘米。钵体上刻有猪纹装饰。猪的形象近似野猪，纹样雕刻写实，憨态可掬。这件并不起眼的粗陋器物当中，涵盖着较多的历史信息，间接反应出河姆渡时期动物驯化和家畜饲养的发展状况。

汉字学习

甲骨文　金文　楚系简帛　说文　秦系简牍　楷书

　　豕，读音 shǐ，象形字。在甲骨文中，"豕"字横过来看，就是一只猪的形象，尖嘴，獠牙，大腹，看上去更像凶猛的野猪。野猪是先民打猎的主要对象，汉字"彘"（zhì）的甲骨文字是 ，就像一只被箭射中的野猪。后来，猪变成了人类驯养的家畜，汉字"圂"（hùn）的意思就是猪圈，甲骨文的造字非常形象，它的字形就是一只猪被圈起来 。后来在陕西西安半坡、河南新郑裴李岗、浙江余姚河姆渡等新石器时代遗址中，都发掘出了距今六七千年的家猪的骨骼，广西桂林甄皮岩墓葬中出土的家猪的牙和颌骨，距今已有九千余年，这说明我国的养猪业已有近万年的发展历史。

甲骨文　金文　楚系简帛　说文　秦系简牍　楷书

　　家，读音 jiā，会意字，在甲骨文中，"家"字的字形，上面是"宀"（mián），表示与房室有关，下面是"豕"，即猪。古代生产力低下，人们多在屋子里养猪，所以房子里有猪就成了人家的标志。还有一说是中国古人在创制文字时，已经驯化野猪并开始家养，圈养生猪是定居的标志，猪也是家庭财富的标志。

《诗经·周南·桃夭》

知识链接

周南·桃夭

桃之夭夭，灼灼其华。之子于归，宜其室家。

桃之夭夭，有蕡其实。之子于归，宜其家室。

桃之夭夭，其叶蓁蓁。之子于归，宜其家人。

《桃夭》是古代女子出嫁时的贺歌，作品采用比兴手法，描写女子桃花一般的美丽，并祝福新娘出嫁后夫妻和美。诗中所写的桃树结实，是在祝福新娘结婚生子；桃树的枝叶繁茂，是在祝福新娘为家族带来昌盛。

【注释】

1. 夭夭：花朵怒放，美丽繁华的样子。
2. 灼灼（zhuó）：花朵鲜艳如火，色彩明亮的样子。
3. 华：同"花"。
4. 之子：这位姑娘。
5. 于归：姑娘出嫁。
6. 于：去，往。
7. 宜：和顺，亲善。古礼男以女为室，女以男为家，男女结合才能组成家庭。朱熹《诗集传》释云："宜者，和顺之意。室谓夫妇所居，家谓一门之内。"
8. 蕡（fén）：草木结实很多的样子，此处指桃实的丰盈肥厚。
9. 蓁（zhēn）：草木繁密的样子，这里形容桃叶茂盛。

【译文】

桃树叶茂枝繁，花朵怒放灿烂。姑娘就要出嫁，夫家和顺平安。
桃树叶茂枝繁，桃子肥大甘甜。姑娘就要出嫁，夫家和乐平安。
桃树叶茂枝繁，叶子随风招展。姑娘就要出嫁，夫家康乐平安。

18. 良渚玉琮与玉璧

玉琮王
浙江省博物馆藏

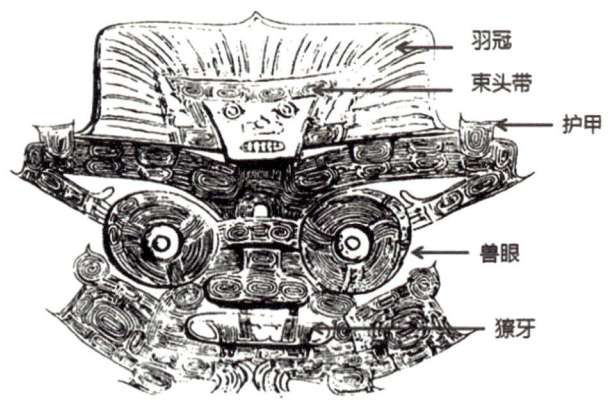

神人兽面纹

良渚文化是我国长江下游太湖流域重要的古文明，属新石器时代文化，因发现于浙江余杭良渚镇而得名，距今约5300—4000年。2019年，良渚古城遗址被列入《世界遗产名录》。作为实证中华5000多年文明史的圣地，良渚古城遗址及良渚文化备受世人关注。

良渚玉琮王，位居良渚文化玉琮之首。玉琮是一种内圆外方筒型玉器，中国古代用于祭祀神祇的礼器。这件玉琮高8.8厘米，孔径4.9厘米，外径17.6厘米，重6.5千克，是已发现的良渚玉琮中最大最重的一件，做工也是最为精美的，因此被誉为"琮王"。琮体四面琢刻着完整的神人兽面纹图像。图案上部为人像，头戴宽大的羽冠，双臂抬起，肘部屈曲，双手五指平伸，插于兽面眼眶两侧。中部是兽面，双目圆睁，宽鼻，阔口，上下两对獠牙露出唇外。下部为兽足，双足呈爪状相对。琮体上面，无论人像或兽面，都有一种凶猛逼人的气势，给人以神秘之感。这个独一无二的图案，已被认定为良渚文化的标志，这件玉琮，也被列入中国首批禁止出国（境）展览文物目录。

玉璧是一种中央穿孔的玉器，是我国传统的玉礼器之一，用于礼天活动。玉璧是一种神化了的权力象征物，做成圆形，表示其权力上承天意。

良渚玉璧属新石器时代文物，在浙江多地均有出土。良渚文化玉璧多为规整的圆形，器体中心有穿孔。除了礼器功能外，璧还是权力、财富和地位的象征。

汉字学习

甲骨文　金文　战国文字　篆文　隶书　楷书

玉，读音yù，象形字。甲骨文中，"玉"的字形像是用绳子穿起来的玉串。"玉"字的本义就是玉石。"玉"做偏旁时写作"王"，但不同于"王"，俗称斜玉旁。斜玉偏旁的字，大都和玉有关，如珍、理、玩、球等。《说文解字》："玉，石之美者。"

良渚玉璧
中国国家博物馆藏

甲骨文　金文　楚系简帛　说文　繁体楷书　楷书

礼，读音lǐ，会意字。"礼"的甲骨文字形是在"豆"形的礼器中放满玉串，表示用隆重的仪式把最美好的物品敬献给神灵。楷书中的"禮"加上"示"（祭台）字旁，表示"祭祀"的含义。《说文解字》："礼，履也（执行礼制的规定）。所以事神致福也（敬奉神灵获得福祉和保佑）。"

博物馆里的大语文　061

玉与礼器

礼器是古代礼制活动中使用的器物。玉礼器主要用于祭祀活动,但玉礼器并非泛指礼仪中所用的一切玉器,而是专指璧、琮、圭、璋、璜、琥这六种玉器,这些礼器被称为"六器"。《周礼》主张,天圆地方,以玉璧礼天,以玉琮礼地;以青圭礼东方,因为东方为青色,五行为木;以赤璋礼南方,因为南方为红色,五行为火;以白琥礼西方,因为西方为白色,五行为金。古人以玉的颜色和形制来配合阴阳五行之说,从而产生了祭祀天地四方的礼器。

仪仗器主要是在重要场合中执以示权或旁侍以增威仪的器具,用以保持统治者的尊严。仪仗礼玉包括玉斧、玉戚、玉钺、玉戈、玉刀等,它们都是象征性的武器,代表了权威与权力。

先秦时期,玉器也被用作陪葬的礼器。到了汉代,厚葬之风日盛,葬玉更是极为普遍。人们相信玉有保存尸体的功用,以玉敛尸,尸体就不会腐烂,从而有再生的可能。随葬玉并不是泛指所有埋葬在墓中的玉器,而是指那些专门为保存尸体而制作的玉器,主要包括玉握、玉塞、玉衣、玉玲等。

19. 大汶口象牙梳

大汶口象牙梳
中国国家博物馆藏

牙梳是象牙制作的梳子，用于梳理头发，或别在发髻上作为装饰品。

大汶口透雕象牙梳出土于新石器时代的大汶口墓葬，距今已有 4500 余年。梳子高 16.7 厘米，上有 16 个细密梳齿，齿端较薄，把面稍厚。牙梳刻有神秘的纹饰和符号，梳顶端有四个开口，三个圆孔，梳身有"8"字形的镂空装饰，内填 T 字形花纹，这种刻符和图案的具体含义，人们至今不得而知。这把象牙梳是迄今保存最完整最精美的原始社会的梳子，是罕见的史前手工艺珍品，反映出大汶口文化高超的牙雕工艺。这把象牙梳也是我国历史上最早的象牙雕刻制品。

汉字学习

甲骨文　金文　楚系简帛　说文　秦系简牍　楷书

象，读音 xiàng，象形字。在甲骨文中，"象"的字形描画的就是一头大象的形状，长鼻子，体型庞大。金文字形也描画出大象长鼻、长牙、大耳的剪影。《说文》中的小篆将甲骨文字形中大象的长鼻形象写成"人"形。

甲骨文　金文　篆文　隶书　繁体楷书　简体楷书

为，读音 wéi 或 wèi，会意字。"为"的甲骨文字形是一只手和一头大象的组合，研究者认为，这是人在驯服大象，使大象成为劳作的工具。考古发现，商周时期，中原一代有大量的大象生存，殷墟出土的祭祀坑中，有大象骨骼和大象戴的铃铛。这说明，那些是被人驯服的大象。（参考谷衍奎《汉字源流字典》）

"想象"的来历

知识链接

韩非子《解老》:"人希见生象也,而得死象之骨,案其图以想其生也,故诸人之所以意想者皆谓之象也。"这句话的意思是说,中原曾经有很多大象,后来绝迹,后世的人凭借象的骨架和象牙,自己想出了大象的样子。用现代的流行语来说,这就是脑补了大象的形象。后来,这种思维活动就被称为"想象",后来"形象""像不像"等词语,都是由此引申出来的。

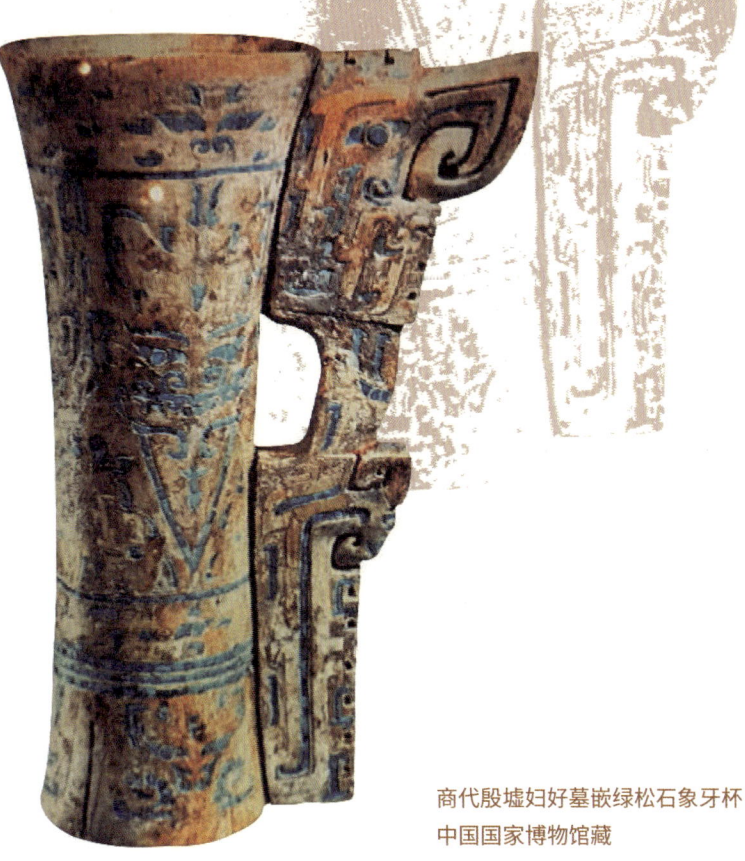

商代殷墟妇好墓嵌绿松石象牙杯
中国国家博物馆藏

知识链接

河南为何被称作"豫"？

河南省的简称是豫。《尚书·禹贡》说，大禹治水，划天下为九州，豫州是其一。汉字"豫"由"予"和"象"组成。"予"是象形字，字形像织布机上带着纬线的梭子，最初的意思是来回穿梭。后来人们用"杼"（zhù）表示织布的梭子，《木兰辞》中有"不闻机杼声，惟闻女叹息"的诗句。明白了"予"的含义之后，我们就可以更好地理解"豫"这个字。"豫"是会意字，意思是大象来回穿梭之地。从这个字的来源来看，河南这个地方在古代时有很多大象。《说文解字》解释说："豫，象之大者也。"

考古工作者在殷墟王陵的东区和西区都发现过象坑，坑里埋着的有成年象，也有幼象。经专家鉴定，这些大象属于亚洲象。考古资料显示出，这些戴着铜铃并有专人饲养的大象不是野生象，而是驯化以后的象。殷墟还出土过大量精美的象牙制品，这说明当时的河南确实是有很多大象的。

河南因处"天下之中"，又称"中州""中原"。这里历史悠久，文化荟萃，是华夏文明最重要的发源地。豫州以产象得名，又拥有早期中原文明之大气象，参与塑造了中华民族的独特文化，数千年一以贯之，文脉传承不绝。所以，以河南为代表的中原文明又有"大象中原"之美誉。

20. 贾湖骨笛

你能想象得出 8000 年前的乐器吗？你知道那时的先民已经有了音乐的审美意识并能够制造出笛子吗？"鹤鸣于九皋，声闻于天"，一只仙鹤从天空坠落的同时，也结束了它的歌唱。聪明的贾湖先民用仙鹤的腿骨做成了骨笛，幽幽的笛声延续了仙鹤在另一个世界的歌唱。这笛声响在 8000 年前的贾湖，并且成为绝响。

贾湖骨笛出土于河南漯河的贾湖遗址，距今 9000—7800 年，是中国最早的乐器实物，也是世界上最早的吹奏乐器。1986 年至 1987 年，河南漯河舞阳县的贾湖村东，出土了 40 多支骨笛。这些骨笛多数是用仙鹤的尺骨制成的，笛孔有五、六、七、八之别，大多数骨笛为七孔。实验证明，贾湖骨笛不仅能够演奏传统的五声或七声调式的乐曲，而且能够演奏富含变化音的少数民族或外国乐曲。贾湖骨笛被称为世界笛子的鼻祖，它的出现，把中国七声音阶的历史提前到了 8000 多年前。

贾湖骨笛
河南博物院藏

汉字学习

甲骨文　楚系简帛　说文　秦系简牍　楷书

和，读音 hé 或 hè，形声字。"和"的本义是和谐，协调，由此引申出和顺、平和、柔和等字义，如"和衷共济"就是指同心和善而共济艰难。因为和谐，没有争斗，所以把结束战争称为和平、和好。"和"读 hè 时，表示跟着唱，如一唱百和，曲高和寡。依照别人诗词的格律或题材而写作，叫和诗。

"和而不同"的故事

知识链接

《晏子春秋》和《左传》中都有关于晏婴与齐景公"和同之辩"的记载。一次，齐景公从打猎的地方回来，晏子在遄（chuán）台随侍，梁丘据（字子犹）也驾着车赶过来献殷勤。景公说："只有梁丘据与我'和'啊！"晏子答道："梁丘据是与你'同'而已，哪里能说是'和'呢？"景公说："'和'与'同'不一样吗？"晏子回答说："有差别。'和'就像做肉羹，用水、火、醋、酱、盐、梅子来烹调鱼和肉，用柴火烧煮，厨工调配味道，使各种味道恰到好处。君子吃了这种肉羹，用来平和心性。国君和臣下的关系也是这样。君认为正确而实际不正确的，臣就要纠正并使其改过；君以为不正确而实际上正确的，臣就要坚持正确的而否定不正确的。这样，国家才能政通人和。又比如说，声律有清浊、大小、短长、疾徐、

新石器时代彩陶鼓
中国国家博物馆藏

哀乐、刚柔、迟速、高下之分,几种音和在一起,才会有旋律。现在,梁丘据不是这样,您说是,他也跟着说是,您说非,他也跟着说非。好比烹饪,一味地加水,淡而无味,谁能吃得下?如果用琴瑟老弹一个音调,谁听得下去呢?所以,'和'与'同'是不一样的。"

"和而不同"是晏婴治国理政的哲学。晏婴采取不同的方式,纠君之过,衷心辅政。尽管齐景公比齐桓公在能力上差了很多,但有了晏子忠诚的辅佐,齐景公在霸业上也还是小有成绩的,所以,晏子的名相是实至名归。

孔子也说过:"君子和而不同,小人同而不和。"(出自《论语·子路》)

21. 半地穴式和干栏式房屋

安居乐业,是中国人的传统观念。《老子》第八十章中说:"民各甘其食,美其服,安其俗,乐其业,至老死不相往来。"《汉书·货殖列传》也有同样的话:"各安其居而乐其业,甘其食而美其服。"那么,在远古时代,我们的先民是怎样居住的呢?

长江流域的干栏式房屋(刘婷婷 绘)

黄河流域的半地穴式房屋（刘婷婷 绘）

半地穴式房屋是北方先民的建筑形式，其典型代表是陕西西安的半坡遗址。半坡遗址距今约6000多年，其居住区内有一座很大的长方形房屋，那里是氏族成员共同活动的场所。四周的圆形或方形小房屋，是氏族成员的住处。房屋的建筑是半地穴式，即一部分深入地下，这种建筑有冬暖夏凉的特点，还能抵御野兽的侵袭。

干栏式房屋是长江流域先民的建筑形式，古时流行于百越族群的居住区。目前考古发现的最早的干栏式建筑是河姆渡干栏式建筑。《博物志》云："南越巢居，北溯穴居，避寒暑也。"干栏式建筑的特点是以竹木为主要建筑材料，建筑一般分为两层，下层放养动物、堆放杂物，上层住人。干栏式建筑有防水、防潮、防震等特点。

汉字学习

战国文字　篆文　隶书　楷书

穴，读音 xué，象形字。"穴"字的本义是土室和岩洞或窑洞，最初的"穴"就是古人居住的半地下的土窖。许慎《说文解字》："穴，土室也。"《墨子·辞过》："古之民未知为宫室时，就陵阜（比较高些的山地）而居，穴而处。"《易·系辞》中记载："上古穴居而野处，后世圣人易之以宫室，上栋下宇，以待风雨。"由此可以确定，穴居是人类最初的居住形式之一。"穴"是汉字部首之一，从"穴"的字大都与屋室和洞穴有关，如窑、窝、窗、窦、突等。

甲骨文　金文　战国文字　篆文　隶书　楷书

干，读音 gān 或 gàn，象形字。"干"字在甲骨文中的字形像树杈一样，最早是指树杈一类的猎具、武器，本用于进攻，后来用于防御。"干"和"戈"组合在一起，指用武力征伐。

"干栏"中的"干"读音为 gàn。"干"是"幹"的简化字，字义为事物的主体和重要部分，如树干、干流、干线等。干栏是先民最早的住宅建筑形式之一，下面用树干和木板支撑，上面搭屋住人。

博物馆里的大语文

化干戈为玉帛

知识链接

　　这一成语最早见于西汉刘安《淮南子·原道训》："昔者夏鲧（gǔn）作三仞之城，诸侯背之，海外有狡心。禹知天下之叛也，乃坏城平池，散财物，焚甲兵，施之以德，海外宾服，四夷纳职，合诸侯于涂山，执玉帛者万国。"

　　以前，大禹的父亲鲧在自己的封地上建造了很高的城墙来保卫自己，这不仅使得属下的部落及族人纷纷离他而去，也使其他部落的人认为有机可乘，虎视眈眈地等待机会。大禹当上首领后，注意到这个情况，马上派人拆掉了城墙，填平了护城河。大禹还把自己的财产分给大家，毁掉兵器，以道德来教化人民。这时天下安定，国富民强，别的部落相继来归附。大禹在涂山开首领大会时，前来进献玉帛珍宝的首领有上万人。

　　"干戈"泛指兵器，指打仗、战争；"玉帛"是玉器和丝织品，指和好。化干戈为玉帛，比喻使战争转变为和平。

22. 彩陶花瓣纹盆

彩陶花瓣纹盆
北京故宫博物院藏

彩陶花瓣纹盆属于仰韶文化晚期的庙底沟文化类型，1956年出土于河南三门峡。公元前4000年至公元前2780年，是仰韶文化最繁盛的时代。这件陶盆高12厘米，口径20.3厘米。彩陶盆器表光滑，钵体盆形，敛口，沿外折，鼓腹，腹下缩成高足，平底，为庙底沟文化的典型器物。盆绘黑彩，纹饰以圆点和弧边三角相连缀，形成花瓣式彩绘的二方连续纹带，纹理优美，线条简洁流畅，装饰效果强烈。

这件文物是一件非常漂亮的花盆，或许，它代表了一个以花（华）为图腾的民族对礼仪和文化的崇尚，也表明了这个民族名称的由来。

汉字学习

| 华 | 金文 | 战国文字 | 篆文 | 隶书 | 繁体楷书 | 简体楷书 |

华，读音 huā 或 huá，象形字。"华"的繁体字写形作"華"。在金文中，"华"的字形像花蕊弯曲、花瓣外翻下垂的形象。"华"的本义是"花朵"，即"华"是"花"的本字。《诗经·桃夭》中有"桃之夭夭，灼灼其華（华）"的诗句。成语"春华秋实""华而不实（只开花不结果实）"用的就是"华"

的本义。因为花朵璀璨绚丽，因此，"华"字又引申为光彩、显贵（荣华）、繁盛（繁华）、年少（华年）、事物的精华等，也特指中华民族、中国。"华"为引申义专用之后，又造形声字"花"表示花朵之义。

"中华"的来历

知识链接

在先秦时期，"中国"指以洛阳盆地为中心的中原地区。"中国"一词最早出现在公元前11世纪西周早期成王时代的青铜器何尊铭文中，其铭文记载了成王继承武王遗志并营建东都洛邑（洛阳）的史实，其涉及"中国"部分的铭文为"余其宅兹中国，自兹乂（yì）民"。

为什么古人把这一带称作"中国"呢？因为这一地区四周分布着所谓的夷、狄、戎、蛮诸族及其所建之国，"中国"居于之"中"，故称其为"中国"，这是"中国"一词最初的地域概念。

"华夏"一词最早见于周朝《尚书·周书·武成》，"华夏蛮貊（mò），罔不率俾（华夏各族和蛮貊的人民，无不遵从）"。《左传·定公十年》曰："中国有礼仪之大故称夏，有服章之美谓之华。"意思是说，华夏族是"衣冠上国，礼仪之邦"。

考古学家刘庆柱曾经提出：中国为什么叫中华？华山被世人尊为华夏根脉，而仰韶文化的分布就是以华山为中心，主要分布地区在豫西、晋南、陕东一带。这里古称"豫州""中州"，亦被称作"中国"，这里的远古族民称"华夏"。从文字上讲，"华"同"花"。花的崇拜与花的图腾源远流长，华夏民族的祖先就是以花为图腾的古老民族。中华文化来自仰韶，仰韶文化是形成华族核心的人类遗存。

综合起来讲，"中华"的含义有两层意思："中"是指"中国"，即中原，后来的范围不断扩大；"华"指有礼仪和文化的族群；"中华"代表了在地理上居于中心，文化上处于优越地位，崇尚礼仪与文化，追求高贵与美丽的民族。

23. 二里头夏代青铜爵

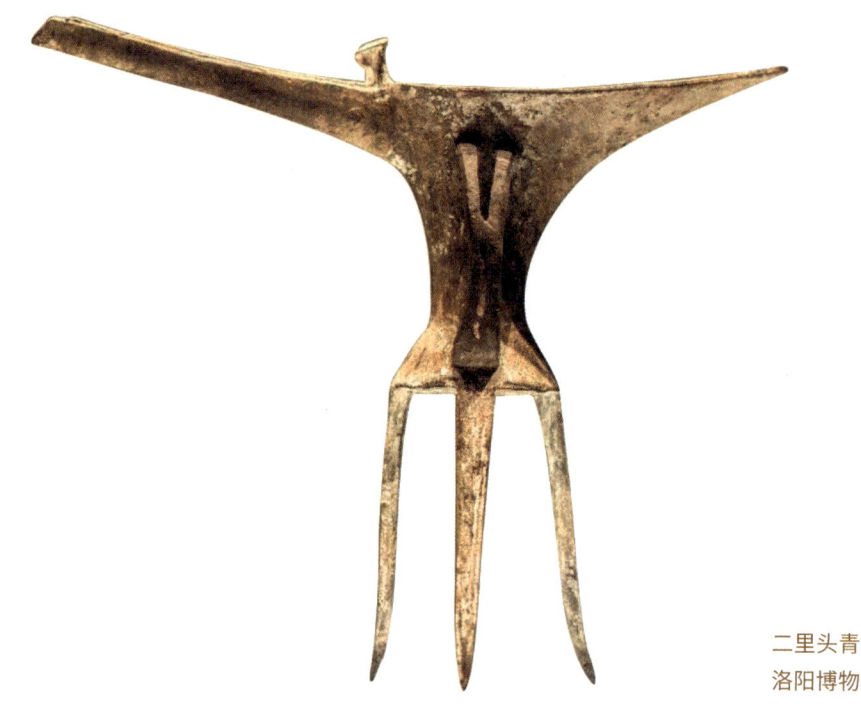

二里头青铜爵
洛阳博物馆藏

看到"爵"这个字，人们往往会联想到爵位和尊贵的地位，其实，爵最初就是酒器。

二里头青铜爵属洛阳偃师二里头文化，它是公认的探索夏文化的关键性研究对象。二里头遗址被学术界确认为夏代中晚期都城遗址。

这件青铜爵器高22.5厘米，宽31.5厘米，高足、细腰、敞口，从远处观之，有窈窕淑女的神韵，因此被称为美人爵。二里头青铜爵出现的年代大约是公元前21世纪至公元前16世纪，它是中国最早出现的青铜容器之一，也是最早的青铜酒器，属国家一级文物。在二里头遗址墓葬中，凡有随葬容器者，其中必有爵，并有爵的组合，这说明中国酒文化的传统源远流长。

汉字学习

甲骨文　　金文　　战国文字　　篆文　　隶书　　楷书

爵，读音 jué，象形字。甲骨文和金文中，"爵"字的字形很像青铜爵的样子。爵是青铜制作的盛酒礼器，形似雀，有流、两柱、三足，用以温酒或盛酒，盛行于殷商和西周初期。爵是贵族阶级专用的礼器，在结盟、会盟、出师、凯旋、庆功、宴会时，贵族们都会用它饮酒，因此，它是十分珍贵的酒具。因身份地位不同，用爵的形式也有不同，而正因为地位决定了形式，所以用爵之人的地位也被称为爵位。

 **贵族的爵位**

知识链接

　　爵是用来温酒然后再斟入觚中的器皿。爵的大小和形状，可以区分使用者的身份，所以用爵之人的地位也被称为爵位。考古学家邹衡先生曾提出，"商礼以酒器觚、爵的数目区分贵族身份"。

　　爵是贵族必备的酒器和礼器，在商朝已有爵位加之于人的意义。不同爵位，表示地位的不同。在中国周代有公、侯、伯、子、男五爵，《礼记·王制》："王者之制禄爵：公、侯、伯、子、男，凡五等。"当时的爵位可以依据血缘关系世袭。后代爵位制度往往因时而异，不尽相同。

24. 镶嵌绿松石饕餮纹铜牌饰

镶嵌绿松石饕餮纹铜牌饰
洛阳博物馆藏

镶嵌绿松石饕餮纹铜牌饰堪称夏代遗宝,传递了夏代历史文化的诸多信息。

镶嵌绿松石饕餮纹铜牌饰出土于河南洛阳的二里头遗址,距今约3800—3500年,相当于古代文献中的夏商时期。这类铜牌饰当时出土了三件,形制大同而略有小异。器长14.2厘米,宽9.8厘米。牌饰以青铜衬底,表面用数百块形状各异的绿松石小片铺嵌成饕餮纹图案。

铜牌饰以镶嵌绿松石为最大特征,是集铸造和镶嵌于一身的神秘艺术品。它是史前兽面纹到商周饕餮纹的中介和传承。著名历史学家李学勤认为,这种传承"不仅沿用了一种艺术传统,而且传承了信仰和神话"。镶嵌绿松石铜牌饰对于研究中国文明的起源具有重要的学术价值,是名副其实的夏代遗宝。

铃铛

二里头龙脸局部

二里头绿松石堆塑龙

汉字学习

饕餮　饕 饕 饕　饕 饕 饕
　　　　小篆　康熙字　楷书　说文　楷书　楷书

饕餮，读音 tāo tiè。餮，形声字，由殄（tiǎn）和食组成，殄表声兼表义。殄的本义是竭尽，餮就是贪吃者吃起来必须吃尽。饕餮是古代传说中的一种凶恶贪食的野兽，古代钟鼎等铜器上面常用它的头做装饰，称作饕餮纹。许慎《说文解字》："饕，贪也。"《吕氏春秋·先识》："周鼎著（刻）饕餮，有首无身，食人未咽，害及其身，以言报更也（害人得到报应）。"饕餮也常常用来代指贪婪凶恶的人。

青铜器上的饕餮纹

饕餮纹是商周青铜器常见的纹饰。饕餮纹又称兽面纹,最早出现在距今 5000 年前的良渚文化玉器上,但那时一直被称作兽面纹,直到宋代宣和时的《博古图录》,才开始称此类纹饰为饕餮纹。

饕餮纹

饕餮究竟是什么怪物?长相又是怎样的呢?对此,文献有多种记载。

《神异经·西南荒经》记载的饕餮是这样的:西南方之怪人,身上多毛,头如猪形,恶如狼性,好财贪食,欺负老弱,畏群击单。

《左传·文公十八年》描述的饕餮是这样的:贪吃,贪财,凶残。

总之,饕餮是人们想象出来的神秘怪兽,也是一种图案化的野兽。这种怪兽没有身体,只有一个大头和一个大嘴,因此,它是贪欲、凶恶和勇猛的象征。

先秦时期的青铜器多以饕餮纹为主要纹饰,表达驱鬼避邪、威猛勇敢的意义,可能还有"通天地""通生死""祭神"等象征说法。它传递了先秦时期的精神信仰和神话传说的信息,是这个时代的重要文化符号。

随着时代的变迁,商周鼎上饕餮纹上有关精神信仰和神话传说的寓意逐渐被人们淡忘,后人则对饕餮形象中贪吃的部分加以夸张,苏东坡就曾写过一篇《老饕赋》,其中说:"盖聚物之夭美,以养吾之老饕。""老饕"意指讲究美食之人,这种说法摒除了饕餮形象中神秘凶猛的部分,增添了饕餮形象的可爱色彩,于是,后来喜好美食之人也被戏称为"饕餮族"。

25. 青铜钺

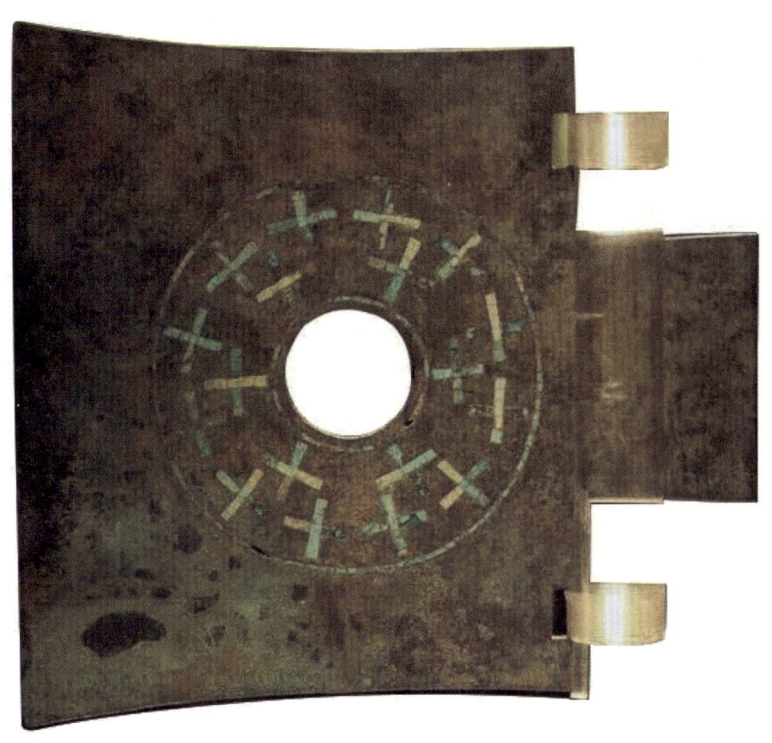

夏镶嵌十字纹方钺
上海博物馆藏

钺是王者之器，青铜钺更是王权的象征，代表着至高无上的地位。《尚书·顾命》中曾有记载："一人冕，执钺，立于西堂。"也有"王左杖为钺"的说法。

1975年在河南偃师二里头遗址出土的镶嵌十字纹方钺，长35.6厘米，刃宽33.2厘米，厚0.9厘米，属于夏代晚期的器物。器身上有精美的镶嵌装饰，中心圆孔周围环列两圈用绿松石嵌成的十字纹，所以被命名为镶嵌十字纹方钺。十字纹外环列绿松石圈，精致秀美。刃部平口无锋，不具备实战功能，所以，它应当是一件礼仪用器。

汉字学习

钺 　甲骨文　金文　说文　繁体楷书　简体楷书

钺，读音yuè，形声字。甲骨文和金文中的"钺"都是"戉"的象形字。钺是古代兵器的一种，形状像板斧而较大，商及西周时盛行。加"金"字旁做义符，表示它是用青铜或铁制成的。钺也有用玉石制作的，主要供仪礼或殡葬使用。许慎《说文解字》："戉，大斧也。"《史记·鲁周公世家》："周公把大钺，召公把小钺，以夹（辅佐）武王。"

王　甲骨文　金文　战国文字　篆文　隶书　楷书

王，读音wáng，象形字。"王"字的甲骨文字形为斧钺之形，上横是斧柄，下边是斧头。金文写为一柄大斧，本义是杀戮的武器，象征着权威，故引申为最高统治者、天子、君主，又引申泛指首领，如"擒贼先擒王，挽弓当挽强"。在汉字中，以"王"做义符的字有"闰"等。楷书中左边所从的"王"不是王，而是"玉"，如理、珍、玩等。（参考谷衍奎《汉字源流字典》）

知识链接

中国历史上第一个女将军——妇好

商代的妇好墓曾经出土两件青铜钺，一件是重 8.5 千克的龙纹大铜钺，另一件是重 9 千克的饕餮噬人纹铜钺。这两件铜钺上都有"妇好"的铭文。

"妇好"何许人也？她是商王武丁的王妃，为武丁时期商代的强盛做出了重要贡献。据甲骨文记载，她曾主持过一些重要的祭祀活动，并多次率兵征伐土方、羌方、人方、巴方等国，立下赫赫战功。在一次征伐羌方的战争中，她统领过一万三千人的庞大队伍，这是商代对外征伐时用兵最多的一次。青铜钺正是妇好军权的象征。

妇好死后，武丁十分悲痛，于是，他把妇好葬在了宫殿旁边，以便时常陪伴。

妇好饕餮噬人铜钺
中国社会科学院考古研究所藏

26. 后母辛青铜觥

后母辛青铜觥
中国国家博物馆藏

后母辛青铜觥（gōng），1976年出土于河南安阳殷墟妇好墓。通高36厘米，长46.5厘米，宽12.5厘米，重8.5千克。觥的造型呈牛形，有盖，扁圆形矮圈足，后接牛首鋬（pàn）。从前面看，像马又像牛，前足为蹄，昂首而立；从后面看，它似鸱鸮，后足为爪，敛翅挺胸。这种牛、鸮合一的造型充满想象的张力，瑰伟奇丽。铜器周身布满夔龙纹、鸟纹等动物纹饰，于厚重之中更添华美。铜器内底及盖内铸有"后母辛"的铭文。

觥是商代重要的青铜礼器之一，为祭祀之重器。"辛"是妇好的庙号，后母辛青铜觥是妇好去世后其子辈专为妇好铸造的祭奠用器，对于研究商武丁时期的青铜铸造、礼仪制度、王室传承等均具有重要史料价值。

汉字学习

觥 觥 觥
小篆 康熙字 楷书

觥，读音 gōng，形声字。觥是中国古代礼器中的盛酒器。在小篆中，"觥"字的左边是"角"，因为最早的"觥"就是用犀牛角做的。《诗经·豳风·七月》中有"跻（jī）彼公堂，称彼兕（sì）觥，万寿无疆"的诗句，意思是说，一年的劳动结束之后，聚在主人的公堂，举起犀牛角的角觥，祝主人长命百岁。后来逐渐出现了青铜制造的觥。青铜觥是尊贵地位的象征，作为随葬器物的青铜觥，一般只出现在少数高等级的墓葬中，如殷墟妇好墓就出土了八件纹饰精美的觥，充分显示出墓主显赫的地位，彰显了墓主的身份等级。

知识链接

觥筹交错，意思是酒杯和酒筹交互错杂，形容许多人聚在一起饮酒的热闹情景。觥是古代的一种饮酒器；筹是行酒令的筹码。

这个成语出自宋代欧阳修的《醉翁亭记》："射者中，奕者胜，觥筹交错，起坐喧哗者，众宾欢也。"北宋庆历五年 (1045)，欧阳修被贬到滁州任知州，经常去西南郊琅玡山的酿泉边散心。欧阳修自号醉翁，所以，他将那里的一个亭子命名为"醉翁亭"，经常与朋友在此饮酒欢聚，并且写下了流芳百世的《醉翁亭记》。

27. 青铜觚

亚弓觚
孔子博物馆藏

觚（gū）是商代青铜礼器，属于酒器。图片上这件亚弓觚器高32厘米，口径21厘米，重2.7千克。觚呈圆筒形，收腰，敞口。器四面有凸起兽面纹一周，内有铭文"亚尊"二字，因此亦称为"亚尊"。亚弓觚遍体朱紫，温润光泽，配以紫檀木座，篆书"乾隆御赏"。

这件亚弓觚是清宫收藏的商朝代珍贵礼器。乾隆三十六年（1771年），清高宗将内府所藏的十件青铜器赐给孔府，用于祭祀孔子。孔子崇尚三代文化，他曾说："周监于二代，郁郁乎文哉！吾从周。"乾隆帝此举是想圆先圣从周礼的夙愿，表达自己以礼治国的初心，同时也彰显对孔子的尊崇。这些青铜器在清代时被认定为周代铜器，新中国成立后经重新鉴定，确定"木工册"款兽面纹铜鼎、兽面纹铜觚以及"册父乙"铜卣为商代铜器，其余七件制作于两周时期。这组青铜器遂被称为"商周十供"。孔府对御赐"十供"敬谨收藏，秘不示人。

亚弓觚典雅古朴的造型及清晰精美的纹饰，都显示出商代青铜器的华贵富丽与极高的审美价值，乾隆皇帝御赐，更增添了它的历史价值。

汉字学习

小篆　　康熙字　　楷书

觚，读音 gū，形声字，从角、瓜声。觚是酒器，其口是喇叭形，细腰，底座也是小喇叭形，腹部和足部各有四条棱角，造型修长，类似今天的高脚杯。觚在商代和西周时期最为盛行，也是礼器之一。

孔子对"觚"的无奈感叹

知识链接

在《论语·雍也》中，孔子有一句著名的感叹，子曰："觚不觚，觚哉？觚哉？"如果不从文物的角度来看，理解这句话，永远都是隔靴搔痒。

这句话的意思是"觚不像个觚了，这也算是觚吗？这也算是觚吗？"那么，孔子为何会发出这种感叹呢？

朱熹在《论语集注》中解释说："不觚者，盖当时失其制而不为棱也。觚哉觚哉，言不得为觚也。"说的是觚的形状在春秋时期发生了很大的改变，孔子不由感叹：这种形状还能叫觚吗？另外，觚的容积也变了，《仪礼·特牲礼记》有注曰："爵一升，觚二升，觯（zhì）三升，角四升，散五升。"本来觚的容积是两升，当它的容积已经不是两升时，孔子感叹道："这还能叫觚吗？"

其实，孔子话里有话，在这里，他是在进行类比推理。正如程颐所说："觚而失其形制，则非觚也。举一器，而天下之物莫不皆然，故君而失其君之道，则为不君；臣而失其臣之职，则为虚位。"孔子是以觚为例子来说明万事万物莫不如此。身为国君,如果不能谨守为君之仁道,就不能称为合格的国君;为臣者,如果不能严守为臣之忠道,不能尽其本分,则是尸位素餐。孔子反对的是有其名而无其实。

孔子法三代,尊周礼,希望通过传承周文化来挽救这个在他看来已经礼坏乐崩的世道。因此,孔子提出以"正名"思想解决"觚不觚"的问题,"名不正,则言不顺;言不顺,则事不成;事不成,则礼乐不兴;礼乐不兴,则刑罚不中;刑罚不中,则民无所措手足。"

至此,孔子在乱世中发出的"觚不觚,觚哉?觚哉"的感慨也就很好理解了。

28. 大禾人面方鼎

大禾人面方鼎
湖南省博物馆藏

人面鼎在先秦并不多见，那么，它究竟传达了怎样的历史信息呢？

大禾人面方鼎 1959 年出土于湖南宁乡，那里曾是商代的一个诸侯方国。方鼎是这个方国国君拥有的一件宗庙重器，用于祭祀等礼仪活动。人面鼎器高 38.5 厘米，口长 29.8 厘米，宽 23.7 厘米，重 12.85 千克。最令人震撼的是，这件方鼎腹部四面各以半浮雕式人面作为主体装饰，这在商周青铜器中并不多见，目前，它也是中国出土的唯一一件以人面纹为装饰的青铜鼎。青铜鼎上的人面颧骨很高，双眼圆睁，眉弯曲，唇紧闭，表情威严肃穆。作为装饰的人面纹究竟传达了什么信息，他究竟是"超人"还是部族的神，亦或是方国的王，至今仍是一个谜。鼎的内壁有"大禾"二字铭文。"禾"是谷物的总称，"大禾"有丰收的寓意，或许这件方鼎表达的是对地的祭祀和对五谷丰登的祈求。

汉字学习

甲骨文　金文　楚系简帛　说文　秦系简牍　楷书

"禾",读音 hé,象形字。甲骨文和金文中,"禾"字的字形像成熟的禾谷,有沉甸甸的穗子垂下来。"禾"字的本义是谷类作物的总称。"禾"在古代指粟,即今之小米。许慎《说文解字》:"禾,嘉谷也,二月始生,八月而孰,得时之中,故谓之禾。"后泛指庄稼。"禾"也是汉字部首,从"禾"的字大都与谷类或庄稼有关,如黍、香、穗、秕、穅、稼、穑、稀、稠等。

甲骨文　金文　战国文字　篆文　隶书　楷书

人,读音 rén,象形字。甲骨文中,"人"字的字形很像人侧面垂臂直立的状态。金文基本承续甲骨文字形。篆文突出了人弯腰垂臂、脸朝黄土背朝天的劳作形象,像是在用双手采摘或在地里干活。《说文解字》:"人,天地之性最贵者也。"通常对人的定义是:人是能制造并使用工具进行劳动的高级动物。

知识链接

中国文化中对"人"的赞美

莎士比亚在《哈姆雷特》中曾经说:"人是一件多么了不起的杰作!多么高贵的理性!多么伟大的力量!多么优美的仪表!多么优雅的举动!在行为上多么像一个天使!在智慧上多么像一个天神!宇宙的精华!万物的灵长!"

中国传统文化中又是如何赞美"人"的呢?

《说文解字》:"人,天地之性最贵者也。"《尚书·泰誓上》说:"惟天地万物父母,惟人万物之灵。"《礼记·礼运》曰:"惟人为天地之心。故天地之生此为极贵。天地之心谓之人,能与天地合德;果实之心亦谓之人,能复生艸(cǎo,同"草")木而成果实。皆至微而具全体也。"人在天地万物之中是最高贵、最有灵性的,唯有人拥有道德和理性,能主宰天地苍生。所以,人类必须有心怀天下之德,使天下共行大道,天地人合一共存。人心唯德,即天清地宁。

29. 虢季列鼎

虢季列鼎
河南博物院藏

在鼎的使用上，周礼规定了不同等级贵族用鼎轻重大小的区别，数量上也有严格区分。

虢季列鼎 1990 年出土于河南三门峡虢国墓地。列鼎一组共七件，形制、纹饰与铭文完全相同，大小依次递减。鼎的内壁有铭文四行十八字："虢季作宝鼎，季氏其万年，子子孙孙永保用享。"虢国是西周初年分封的一个姬姓诸侯国，根据古器铭和《国语》中的记载，这位虢季就是周宣王朝中的最高执政长官虢文公，在当时是显赫一时的人物。鼎不仅是饪（rèn）食器，亦是重要的礼器。西周时期，周王朝有严格的列鼎制度，天子用九鼎，诸侯用七鼎。虢季用七鼎陪葬，表明了他的诸侯身份。墓中七鼎六簋的配置，显然遵循了西周的古制。

汉字学习

金文　说文　楷书

虢，读音 guó，形声字。金文中，"虢"字的字形是由"虎"和两只手组成的。许慎《说文解字》中的解释是："虢，虎所攫画明文也（虎抓过的印迹）。"今天，"虢"字主要用于地名，指周代的虢国，有东、西、南、北四虢。

 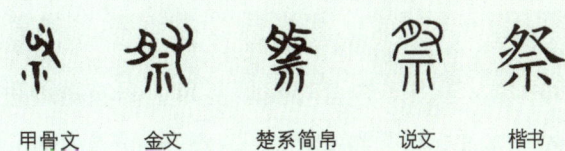

甲骨文　金文　楚系简帛　说文　楷书

祭，读音 jì，会意字。甲骨文中，"祭"字的字形从"示（祭台）"，从"又"（手），从肉。金文更加清晰。"祭"字的本义是祭祀，手持肉置于祭台，以祭祀神灵。古人杀牲，除了自己吃之外，还常把牲肉放在祭台上。"祭"是有酒肉的祭祀，即牲祭。《礼记·祭统》："祭者，所以追养继孝也。"古人祭天、祭神、祭祖的目的，是维护统治秩序，进行社会教化，传承文化，正像《论语》上讲的"慎终追远，民德归厚矣"。

唇亡齿寒的故事

知识链接

春秋时期，虞国和虢国在晋国的南面。虞国在今山西平陆县境内，虢国在今河南三门峡一带，两个小国和晋国都是姬姓国。

晋献公十九年（公元前658），献公欲伐虢国，召集群臣出谋划策。足智多谋的荀息提出了借道虞国攻伐虢国的计策。为此，晋国贿赂虞国，离间犬戎与虢国的关系，使用美人计，使虢国国君怠弃政事。

虞国大夫宫之奇劝谏虞国的虞公说："虢，虞之唇也，唇亡齿寒，晋今日取虢，而虞明日从而亡也。"虞公不听，同意晋国借道伐虢。

周惠王十九年（公元前658），晋献公借道于虞，率军南下，一举攻陷虢国要塞下阳。当时，虢公丑与犬戎正大战于桑田（今河南灵宝境内），闻下阳失守，急回师相救，犬戎却追袭于后，虢军大败。虢公丑幸免于难，回到上阳守御。晋军围上阳五个月后，虢公丑弃城逃往京师洛邑。上阳城破，虢国灭亡。晋军回师，顺道灭掉虞国。

从1957年开始，考古工作者对虢国墓和上阳城遗址进行了大规模发掘，出土文物数量之多、价值之高，令人惊叹。这些文物在默默地诉说着谜一样的虢国历史，而"唇亡齿寒"也成了千古遗训。

30. 后母戊鼎

后母戊鼎被称为"青铜器之王"，乃国之重器。

这件大鼎属于商代后期（约公元前 14 世纪—前 11 世纪），1939 年在河南安阳武官村出土。器高 133 厘米，口长 110 厘米，口宽 79 厘米，重达 832.84 千克，因器内壁铸有铭文"后母戊"而得名。它是迄今世界上已经发现的最大、最重的青铜器。铜鼎造型庄严雄伟，四足方腹，鼎身四周铸盘龙纹和饕餮纹，有威武凝重之感。足上铸的蝉纹，有不染凡尘的意思，还有象征死而转生之意。后母戊鼎反映出商代青铜业极高的铸造水平。

铜鼎内壁的铭文"后母戊"，以前释为"司母戊"。"母戊"是商王武丁的后妃妇妌（jìng）的庙号。除了赫赫有名的妇好之外，商王还有

后母戊鼎

一位了不起的王后——妇妌。妇好主要掌管军队，妇妌主要掌管农耕。根据铭文可知，后母戊鼎是商王的儿子祖庚或祖甲为祭祀其母亲妇妌而制作的，彰显了母后高贵的身份和宽厚博大的美德。

鼎是古代的烹饪之器，有三足圆鼎，也有四足方鼎。在古代，鼎被视为立国重器，是国家和权力的象征。

汉字学习

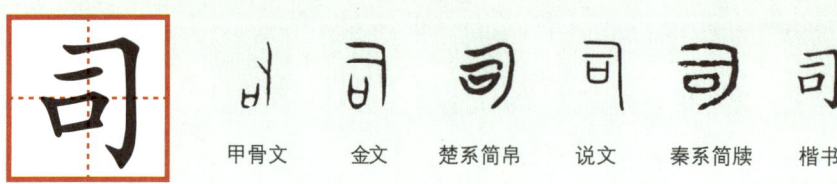

甲骨文　　金文　　楚系简帛　　说文　　秦系简牍　　楷书

　　司，读音 sī，会意字。"司"的含义是主持和掌管。对甲骨文中"司"字的字形，专家有不同解释。有的认为甲骨文中的"司"是由"口"和"一个举着手的人"组合而成的，代表一个人举手张口发布命令，含义是掌管。有的研究者认为甲骨文中的"司"是由"口"和"勺子"组成的，含义是进食。在氏族社会，食物必须共同分配，掌管食物分配的人是司，所以，"司"字的含义是主持，掌管。"有司"就是主管相关部门的官吏。

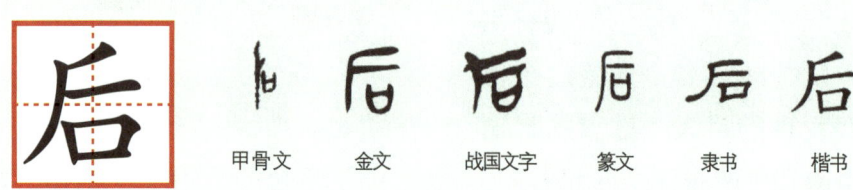

甲骨文　　金文　　战国文字　　篆文　　隶书　　楷书

　　后，读音 hòu，会意字。甲骨文字中，"后"字的形为"司"字的反形。《说文解字》："施令以告四方……发号者君后也。""后"字的本义是君主、帝王。《左传·僖公三十二年》："崤有二陵焉，其南陵，夏后皋之墓也。"周的始祖叫"后稷"，穷国的君主是"后羿"。后来，君王的正妻被称为"后"。《礼记·曲礼》："天子之妃曰后。"

汉字学习

甲骨文　金文　战国文字　篆文　隶书　繁体楷书　简体楷书

後，读音 hòu，会意字。"后"是"後"的简化字，两个字从不同的角度表现不同的内容。"後"的甲骨文字形表现的意思是行走的脚被绳索拴着，因而落后、迟缓。"后"字的含义比较单一，就是和"前""先"相对，表示迟到，走在后面。"后"与"後"两个字区别在于，"后"有"君主""王后"的意思，"後"则没有，千万不能把"王后"写成"王後"，否则就会闹出大笑话。

楚王问鼎的故事

知识链接

楚王问鼎的故事出自《左传·宣公三年》。

春秋时代，周室衰微，诸侯争霸。被中原诸侯视为蛮夷之君的楚庄王，"不鸣则已，一鸣惊人"，经过长期的征战，凭借强大的武力吞并了周围的一些小国，于是，感觉自己的力量已经非常强大。公元前606年，楚庄王借讨伐陆浑之戎的机会来到洛河，陈兵于周王室境内。周定王害怕，派王孙满慰劳楚庄王。楚庄王问起了九鼎的大小和轻重。王孙满回答说："统治天下在于德行而不在于鼎。夏代刚刚拥立有德之君的时候，能上下和谐，因而以德承受上天赐福。夏桀昏乱无

楚王问鼎（康军 绘）

德，九鼎迁到商朝，商纣残暴，九鼎又迁到周朝。如果德行美好光明，九鼎虽小，也重得无法迁走。如果奸邪昏乱，九鼎再大，也轻得可以迁走。上天赐福有光明德行的人，是有尽头的。成王将九鼎安放在王城时，曾预卜周朝传国三十代，享年七百载，这个期限是上天决定的。周朝的德行虽然衰退，但天命还未更改，所以鼎之轻重是不可问的。"王孙满从容不迫，而且义正辞严，楚庄王碰了一鼻子灰，退出了周疆。

　　鼎是国之重器，权力的象征，因此，"问鼎"就是对国家最高权力的觊觎。成语"问鼎中原"即来源于此。

31. 作册般青铜鼋

作册般青铜鼋
中国国家博物馆藏

作册般青铜鼋是商代晚期的青铜器。

作册是商、周时期史官名，般是人名。作册般青铜鼋器长21.4厘米，宽16厘米，重1.6056千克。鼋是一种较大的乌龟。这件青铜器所表现的鼋，头向前伸，尾左偏，四足外露，似乎在用力向前划动。它的背上有四支箭，都是箭射入之后露出的箭羽部分。这个奇特的造型背后究竟有一个怎样的故事呢？鼋背甲上的四行三十二字铭文完整地记录了当天的事情。铭文的大意是：商王（可能是帝辛即纣王）在洹水边射到一只鼋，王射了一箭，另有人射了三箭，商王把鼋赏赐给了般，般为了纪念商王的赏赐，制作了青铜鼋以为纪念。

汉字学习

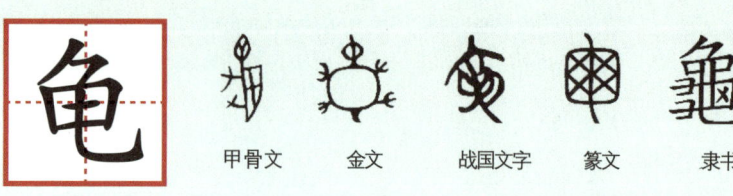

龟

甲骨文　金文　战国文字　篆文　隶书　楷书

龟，读音 guī，象形字。甲骨文和金文的"龟"字字形非常形象，就是乌龟侧面和正面的象形。简体的"龟"字依然能够看出"龟"的象形。乌龟的腹背都有硬甲，可以入药。古人常用龟甲占卜，并记录经过，这就是后来出土的甲骨文。乌龟的头尾和脚都能缩入甲中，因此那些胆小怕事的人常常被称作"缩头乌龟"。乌龟耐饥渴，寿命很长，所以经常和仙鹤一起表示人的长寿，如龟龄鹤寿。

鼋

说文　楷书　楷书

鼋，读音 yuán，形声字。鼋是鳖的一种，但比鳖大，亦称"绿团鱼"，俗称"癞头鼋"。"鼋"上面是"元"，表示声旁，有"大"的意思。《说文解字》："鼋，大鳖（鼈）也。"成语"鼋鸣鳖应"，比喻一唱一应。

知识链接

楚人献鼋——"染指"的来历

  楚人献鼋于郑灵公。公子宋与子家将见。子公之食指动,以示子家,曰:"他日我如此,必尝异味。"及入,宰夫将解鼋,相视而笑。公问之,子家以告,及食大夫鼋,召子公而弗与也。子公怒,染指於鼎,尝之而出。公怒,欲杀子公。子公与子家谋先。子家曰:"畜老犹惮杀之,而况君乎?"反谮子家,子家惧而从之。夏,弑灵公。

——《左传·宣公四年》

【译文】

  楚国人献给郑灵公一只鼋。公子宋和子家将要进朝见郑灵公。(走在路上时)公子宋的食指自己动了起来,于是,他把手指拿给子家看,说:"以往我遇到这种情况,一定可以尝到美味。"他们进去以后,厨师准备切鼋,公子宋和子家相视而笑。郑灵公问他们原因,子家就把刚才的事情告诉了郑灵公。郑灵公让大夫们吃鼋的时候,把公子宋召来却不给他吃。公子宋发怒了,用手指在鼋汤之中蘸了一下,尝到味道后才退出去。郑灵公发怒,想要杀掉公子宋。公子宋和子家得到消息,商议先动手杀死郑灵公。子家说:"牲畜老了,尚且不忍心杀它,何况君主呢?"公子宋反而诬陷子家想弑君,子家害怕,只好跟从他。夏天的时候,他们杀死了郑灵公。

  "染指"的本义是用手指蘸鼎中的鼋羹,后用为典故,泛指品尝某种食品,又引申为分取非分的利益,也指插手或参与分外的某种事情。

32. 妇好墓夔首骨笄

笄（jī）是古代束发用的簪子。

1976年，河南安阳殷墟妇好墓出土了499件骨笄，其中大部分存于一个木匣内。这些骨笄都是妇好珍爱的饰物。这当中，夔（kuí）首骨笄有35件，属较为高档的发笄。夔，古代传说中一种像龙的独角怪兽。这里的夔首实际上就是龙纹的侧视图案。骨笄的雕刻图案细致精美，这说明商代的制骨技术已经非常发达，而且有了相当大的行业规模。除妇好墓之外，殷墟还发现了多座制骨作坊。

夔首骨笄
中国国家博物馆藏

汉字学习

笄　笄　笄

楚系简帛　说文　楷书

笄，读音 jī，形声字。古代盘头发或别帽子用的簪子。"笄"字的上面是竹字头，下面是"开"(jiān)。"开"是两个平行的簪子，左右各自对插一个簪子，会使发髻更加牢固。《说文解字》："开，平也。"后来的楷书，"笄"字的下面变成了"开"。古代女子十五岁可以盘发插笄，因此，这个年龄也被称为及笄之年。

女子的笄礼与待字闺中

知识链接

《礼记·曲礼》中有女子许嫁则十五着笄，未许嫁者则二十着笄的记载。"笄"原是梳髻盘发用的簪子。

《礼记·曲礼》规定："男子二十，冠而字。父前，子名;君前，臣名。女子许嫁，笄而字。"周礼规定，女子年满十五岁，成年，许嫁，举行笄礼，可以取"字"出嫁。如果十五岁未许嫁，则是"待字闺中"，意思是女子成年，留在闺房之中，等待许嫁。"闺"是指女子卧室。"字"引申为许配，出嫁。

33. 商代青铜蝉纹鼎

商代青铜鼎素以造型厚重和风格神秘而著称，鲜有轻巧活泼的感觉。

这件青铜蝉纹鼎虽然敦厚沉重，却形体娇小。器高22.3厘米，口径20厘米，其装饰风格透出浓郁的现实生活气息。鼎腹上方有一条带状蝉纹饰。蝉横向连续排列，并且首尾相接，即后世所谓的"蝉联"之意，寓意一脉相承而连续不断。在作为宝器的铜鼎的醒目位置铸出"蝉联"纹，大约反映了鼎的主人希望安定富贵的生活能代代相传的心态。

商代青铜蝉纹鼎
北京大学赛克勒考古与艺术博物馆藏

汉字学习

　蟬　蟬　蝉

说文　繁体楷书　简体楷书

蝉，读音 chán，形声字。蝉是一种昆虫，有的地方称"知了"。雄虫的腹面有发声器，发出的声音很大。蝉的蛹在地下度过两三年或更长一段时间，然后从土中出来，爬到树上，成虫以原貌从躯壳中挣脱出来，完成生命的一次蜕变。成语"金蝉脱壳"即来源于此。因为蝉的蜕变现象是一种生命形态向另一种生命形态的转化，也是生命得以延续的标志，因此，人们用"蝉联"一词表示绵延不断的意思。"蝉联"一词也常用在体育比赛中，指保持住了原有的荣誉称号。

知识链接

蝉

（唐）虞世南

垂緌饮清露，流响出疏桐。

居高声自远，非是藉秋风。

虞世南的《蝉》是一首咏物诗，诗人借咏蝉来表达自己高洁的品行和志趣。"垂緌饮清露"中的"緌(ruí)"是古代贵族结在颔下的"冠缨"。蝉的头部有伸出的触须，形状好像下垂的冠缨，故说"垂緌"。古人认为蝉生性高洁，栖高饮露，故说"饮清露"。"流响"是指蝉声长鸣，悦耳动听的蝉鸣从稀疏的梧桐树林传出；"居高声自远，非是藉秋风"，意思是说，蝉声在远处可以听见，不是借助于秋风，而是由于"居高"而自能致远之故。这句诗的深层含义是，品格高洁、修身自好的人，并不需要外在的权势地位的帮助，自能声名远播，正像曹丕在《典论•论文》中所说的那样，"不假良史之辞，不托飞驰之势，而声名自传于后"。虞世南博学多能，品行高洁，直言善谏，为贞观之治做出过重要贡献，但他不以鲲鹏、蛟龙自比，而以一只不甚起眼的蝉来自况，由此可见其老成谨慎。

蝉（刘婷婷 绘）

博物馆里的大语文

34. 众人协田牛骨刻辞

众人协田牛骨刻辞
中国国家博物馆藏

甲骨文,又称契文、甲骨卜辞、殷墟文字或龟甲兽骨文。甲骨文最早出土于河南安阳的殷墟遗址,是商朝(约公元前17世纪—公元前11世纪)的文化产物,距今约有3600多年的历史。甲骨文涉及祭祀、军事、田猎、刑罚、农业、畜牧业、手工业、商业、医学、教育及历法等多个方面,内容相当丰富,因此被专家们称为"商代的百科全书"。

众人协田牛骨刻辞出土于安阳。牛骨长14.8厘米,宽12.5厘米。这块卜骨上面的刻文是:"(王)大令众人曰:协田,其受年?十一月。"意思是,商王命令众人进行协田活动。一般认为,"协田"是指在土地上进行集体耕作。这种集体耕作,在《诗经·周颂·载芟》这首农事诗里已经有了形象的反映:"载芟(shān)载柞(zuò),其耕泽泽。千耦其耘耜,徂(cú)隰(xí)徂畛(zhěn)。"意思是说,割杂草,刨树根,再把土壤来翻松,成千的农人并肩耕耘,遍布洼地与高坡。诗歌描绘了春耕时节农民在土地上协作劳动的热闹景象。

汉字学习

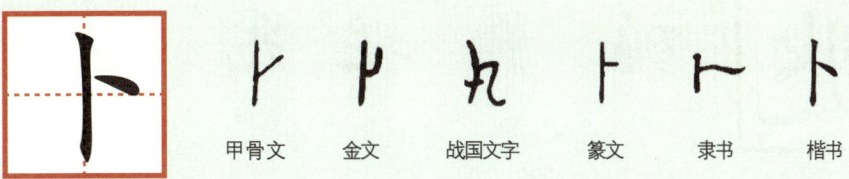

| 甲骨文 | 金文 | 战国文字 | 篆文 | 隶书 | 楷书 |

卜，读音 bǔ，象形字。甲骨文中，"卜"字的字形就像龟甲被灼烤后裂纹纵横的样子。古人用火烧灼龟甲，根据灼开的裂纹推测行事的吉凶。《说文解字》："卜，灼剥龟也。像灸龟之形。""卜"字的本义就是灼烧甲骨取兆象来占吉凶，后来引申为预测、预料等，如吉凶未卜。

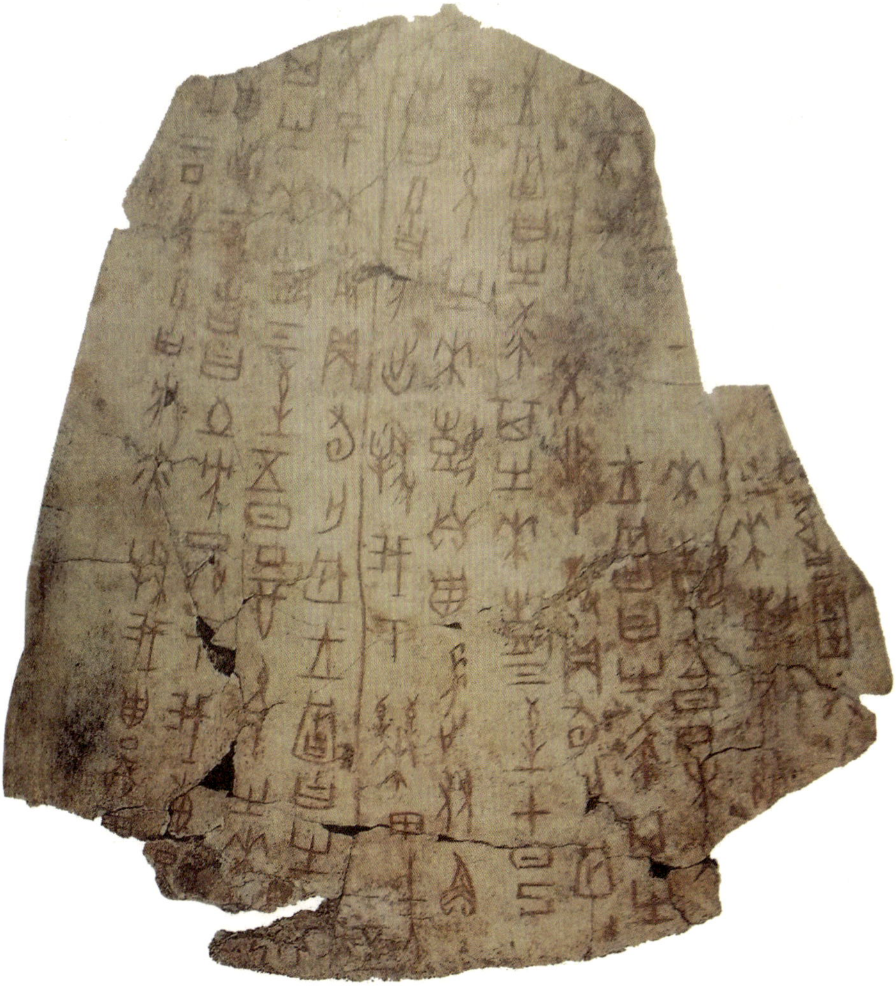

博物馆里的大语文

| 战国文字 | 篆文 | 隶书 | 楷书 |

兆，读音 zhào，象形字。古人占卜时烧灼龟甲，根据出现的裂纹判断吉凶，这种裂纹就叫"兆"。"兆"是事物发生前的预兆和征候，所以"兆"的引申义是征兆和迹象，如瑞雪兆丰年。

"一片甲骨惊天下"——谁是甲骨文的第一个发现者？

知识链接

第一位发现甲骨文的学者叫王懿荣，他是晚清国子监祭酒（校长），也是著名的金石学家。

光绪二十五年（1899）王懿荣偶然发现了来自河南安阳的甲骨上的甲骨文。一次他生病时，发现自己抓的中药里有一味叫作龙骨的药，上面刻着一些符号。他觉得很奇怪，就把药材铺所有的龙骨都买了下来，结果发现每片龙骨上都有相似的图案。经过长时间的研究，他确信这是殷商时期的文字。于是，他开始重金收购有字甲骨，至光绪二十六年（1900）春，共得到1508片。因为最早发现甲骨文，王懿荣被称为"甲骨文之父"。王懿荣的发现震惊了世界，此后，除中国外，世界各国都开始发掘收购甲骨，并掀起甲骨文研究的热潮。据学者胡厚宣统计，世界各地共计出土甲骨154,600多片，其中中国共收藏127,900多片，日本、加拿大、英、美等国家共收藏26,700多片。

近现代的许多著名学者如王国维、郭沫若、董作宾、唐兰、陈梦家、容庚、于省吾、胡厚宣等，都对甲骨文进行了卓有成效的考释和研究，在中国，对于甲骨文的研究已经形成了一个专门的学科——甲骨学。罗振玉（号雪堂）、王国维（号观堂）、董作宾（号彦堂）、郭沫若（号鼎堂）被并称为"甲骨四堂"，是甲骨学研究的一代宗师。

35. 宰丰骨匕刻辞

宰丰骨匕刻辞是一片刻有文字的犀牛骨,甚是珍贵。

此片甲骨相传是在河南安阳出土的,这是刻于商王帝乙或帝辛六年的一块记事犀牛肋骨,一面刻有文字,记载帝辛将猎获的犀牛赏赐宰丰之事,另一面刻兽面、蝉纹和虺(huǐ)龙纹,并嵌有绿松石。"丰"是人名,"宰"是官职。宰丰随商王打猎,猎到了一头犀牛,商王把"兕(sì,犀牛)"赏赐给宰丰,宰丰在牛骨上刻辞记下此事。整块骨匕文字布局合理,疏密有致,笔力劲道,充分体现了卜辞的书法之美。"匕"相当于后世的"勺",但形态原始,有些类似北京地区使用的"饭抹子"。

宰丰骨匕刻辞
中国国家博物馆藏

汉字学习

| 甲骨文 | 金文 | 战国文字 | 篆文 | 隶书 | 楷书 |

宰,读音 zǎi,会意字。从"宀"(屋下),从"辛"(刑刀),表示有罪的奴隶在屋下从事杀牲备祭的劳动。《说文解字》:"宰,罪人在屋下执事者。""宰"字的本义是指罪人充当的家奴,主要掌管杀牲的事情,后来引申为古代贵族家中管理家事的家臣或奴隶总管,如子路为季氏宰(季氏家的总管)。又引申为古代的官职名,如县宰、宰相。

博物馆里的大语文

宰相的来历

"宰"的字义引申为古代贵族家中管理家事的家臣或奴隶总管之后,字义就发生了变化,开始有了"主宰"的含义。

历史学家钱穆解释"宰相"的由来时曾说:"在封建时代,贵族家庭最重要的事在祭祀。祭祀时最重要事在宰杀牲牛。象征这一意义,当时替天子诸侯乃及一切贵族公卿管家的人都称宰……宰就是掌管杀牛祭祖的。"

商朝时"宰"为管理家务和奴隶之官。周朝有执掌国政的太宰,也有掌贵族家务的家宰,掌管一邑的邑宰,实际上已经成为官位的通称。

辅佐君主、统领百官的宰相,萌芽于春秋时期齐景公设立的左、右相。战国时期最早设相的国家是魏国,其后是韩、赵两国,秦国设立宰相的时间比较晚。

宰相是古代最高官僚机构最高行政长官的泛称,代表一种制度体系。在不同时期,宰相所对应的官职名称和职权范围不尽相同,如韩、赵、魏称"相",秦国称"相邦",楚国比较特殊,称为"令尹"。

总之,宰相是联结君主制和官僚制的中心环节,参与国家重大事项的决策,总管军、政、财等权力,"宰相之职,佐天子,总百官,治万事,其任重矣"。

36. 虎纹石磬

虎纹石磬
中国国家博物馆藏

石磬简称"磬",是中国古老的石制打击乐器。在新石器时代,中国就已经有了石磬。

虎纹石磬出土于河南省安阳市武官村,石磬长84厘米,宽42厘米,厚2.5厘米。这件石磬可称为商代磬中之王,据测定,它已有五个音阶,可演奏不同乐曲。石磬以灰色岩石为原料,制作比较精细,磬身两面都刻有雄健逼真的虎形花纹。仅就美工而言,它已不失为一件珍品。在商朝,这种石磬是只有帝胄王族才可以拥有的高级乐器。

汉字学习

甲骨文　金文　篆文　隶书　楷书

　　磬，读音 qìng，会意字。甲骨文中，"磬"字的字形，左半像绳子悬石，右半像手拿槌子敲击。后加上"声"，表示通过击打可以听到声音。磬是我国最早的击打乐器。最早的磬用石或玉雕成，形状像曲尺，悬挂于架上，击之而鸣。《说文解字》："磬，乐石也。"磬就是能发出美妙乐声的石头。

小篆　康熙字　楷书

　　罄，读音 qìng，形声字。罄字出现得比较晚，本义是指一种中空的可以发出声音的器皿。《说文解字》："罄, 器中空也。"引申为尽，用尽，如告罄、售罄、罄其所有。成语"罄竹难书"，意思就是用尽了所有的竹子也书写不完，多指罪恶的事情。

磬与礼

知识链接

磬是中国历史上最古老的石制打击乐器。相传是黄帝时期的伶伦创造的。制作磬的时候需要取片状石材，制成曲尺形，上钻磨孔洞，悬挂敲击，因其造型酷似古人在宗庙宗族大典时的鞠躬礼，故有"磬折"之说。磬最早用于古代的乐舞活动，后来用于帝王、上层统治者的殿堂宴飨、宗庙祭祀、朝聘礼仪活动，成为象征其身份地位的"礼器"。

磬有单个特磬与按律依次编排的"离磬"（即编磬）之分。单个特磬一般作为氏族"鸣以聚众"的信号乐器，编磬则在宗庙祭祀、宗族盛宴等大典时与编钟一起合奏。《诗经·商颂·那》中有"既和且平，依我磬声"的诗句，古籍中也有"金石"之声"煌煌乎位列圣殿，灿灿哉史载《尚书》"的记载。

中国古代先民用智慧和双手，创造出了精美绝伦的虎纹石磬，而虎纹石磬作为"金石之音"的见证，也成为中国传统音乐文化中的宝贵财富。

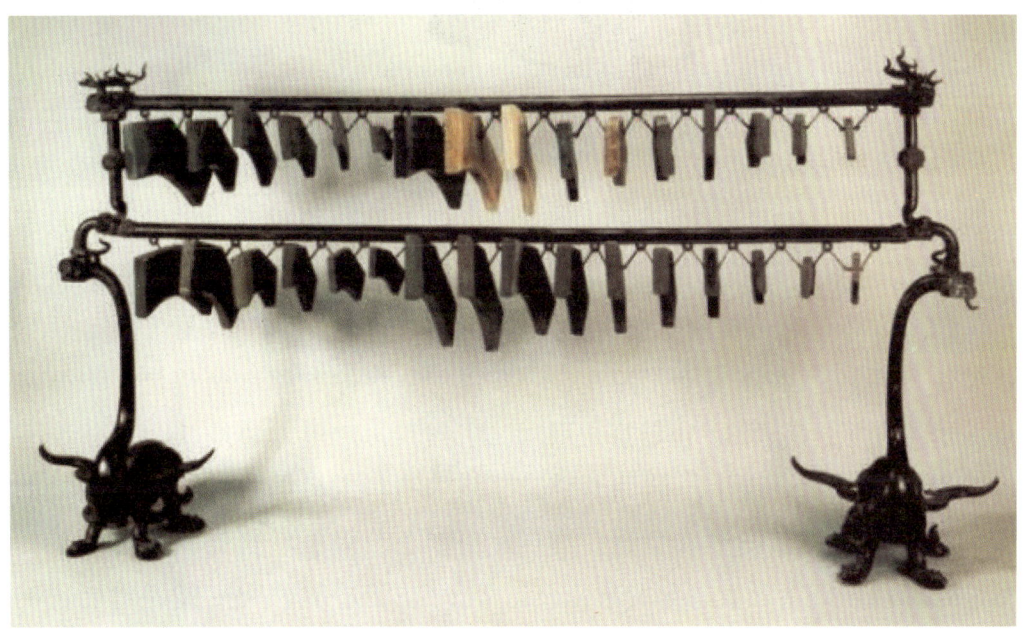

曾侯乙编磬
湖北省博物馆藏

37. 四羊方尊

四羊方尊
中国国家博物馆藏

四羊方尊被誉为"臻于极致的青铜典范"。它工艺精湛，造型典雅，气势磅礴，是名副其实的国宝级文物。

四羊方尊是商朝晚期青铜礼器，属祭祀用品，1938年出土于湖南宁乡。这件方尊是盛酒器，也是祭祀用的礼器。在艺术表现上，这件方尊最突出的特点是羊的形象塑造。尊的肩部四角是四个长着卷角的羊头，羊头与羊颈伸出器外，羊身与羊腿附着于方尊的腹部及圈足上。尊腹为羊的前胸，羊腿则附于圈足之上，承担着尊体的重量。羊的前胸及颈背部饰鳞纹，两侧饰有美丽的长冠凤纹，圈足上是夔（kuí），传说中的怪兽。这件方尊造型简洁，形体端庄典雅。四羊方尊被认为是传统泥范法铸制的巅峰之作，以其独特的制作工艺吸引着来自世界各地的目光，在流逝的时间中传递着历史的信息。

汉字学习

甲骨文　金文　楚系简帛　说文　秦系简牍　楷书

羊，读音 yáng，象形字。甲骨文与金文中，"羊"字的字形都像羊头正面的形状。羊性情温顺，而且羊肉美味，羊毛温暖，"羊"字总是和吉祥、美好、善良有关。《说文解字》："羊，祥也。"与"善"同义的古字"譱"（shàn）就是由一个"羊"两个"言"组成的，一是表示像羊一样温顺，二是表示和人好好说话为善。"美"是由"羊"和"大"组成的，可以理解为羊大为美，也可以理解为一个人头上顶着羊角一样的装饰。我国的羌族祖先善于牧羊，甲骨文中的"羌"，就是头顶羊角装饰自己的人。

甲骨文　说文　楷书

祥，读音 xiáng，形声字。金文中的"祥"由"示"和"羊"组成，"示"是祭台，"羊"为祭品。"祥"字的本义是神示的征兆，包括吉兆和凶兆。《左传·僖公十六年》记载，这一年春季，宋国上空坠落了五块石头，这是坠落的星星。六只鹢（yì）鸟后退着飞，经过宋国国都，这是由于风太大的缘故。周内使叔兴访问宋国，宋襄公便询问他这两件事，说："是何祥也，吉凶焉在？"（这是什么征兆？）"祥"后来多指吉兆，并由吉兆引申为吉利、善良，如吉祥，祥瑞，祥和。《说文解字》："祥，福也。"

知识链接 羊与祭祀

先秦时期，祭祀所用的肉有等级之区分。西周时期，《礼记·王制》规定："天子社稷皆太牢，诸侯社稷皆少牢。"旧时祭礼的牺牲，牛、羊、豕俱用叫太牢，只用羊、豕二牲叫少牢。到了战国时期，诸侯祭祀的规格高了一格，《大戴礼记·第五十八·曾子天圆》介绍，"诸侯之祭，牲牛，曰太牢；大夫之祭，牲羊，曰少牢；士之祭，牲特豕，曰馈食"。

使用牛、羊、猪进行祭祀，是贵族阶级的特权，所以先秦贵族阶级被称为"肉食者"，属权贵阶层。《左传·庄公十年·曹刿论战》记载："十年春，齐师伐我。公将战，曹刿请见。其乡人曰：'肉食者谋之，又何间焉？'刿曰：'肉食者鄙，未能远谋。'"

《论语·八佾》中有这样的记载：子贡欲去告朔之饩(xì)羊，子曰："赐也！尔爱其羊，我爱其礼。"这几句话的意思是说，子贡想把初一告祭祖庙的活羊省下来。孔子说："赐呀，你心疼你的活羊，我却更在乎祭祖时的礼仪。"羊者，三牲（牛、羊、猪）之一。祭祖时去掉活羊，其实质是礼之简慢的开始。先秦时期，"国之大事，唯祀与戎"。简慢祭祀，就破坏了以往的规矩。当时的社会本来就已经礼崩乐坏，再这样下去，社会秩序就更加不可收拾了。

青铜羊觥
日本藤田美术馆藏

38. 龙虎纹青铜尊

龙虎纹青铜尊
中国国家博物馆藏

龙虎纹青铜尊是一位渔民用渔网捞上来的国宝。

1957年6月的一天，安徽省阜南县常庙乡的渔民出船捕鱼。一个叫徐珽（tǐng）兰的渔民撒下一网，收网时没有捞上来一条鱼，却捞上了八件古铜器。龙虎纹青铜尊就是其中之一。

龙虎纹青铜尊高50.5厘米，口径44.9厘米，足径24厘米，重26.2千克。青铜尊共有三层纹饰，铸造十分精美，因其主题纹饰为"龙"和"虎"而得名，尊上的龙纹、虎纹散发着狰狞凌厉之美。青铜尊的肩部以圆雕和浮雕相结合，塑造出三条生动的蟠龙形象，龙身蜿蜒，龙首探出，额有双角，阔吻巨口，两眼大睁。三条蟠龙造型夸张生动，有商代青铜器的鲜明风格。腹部以三道扉棱为界，分隔出了三组相同的纹饰，描绘了双虎食人的情景。虎头居中，形式为高浮雕；左右两侧是虎身，为浅浮雕。虎头栩栩如生，目不转睛地直视前方，表现出一种威严的气势。龙虎纹青铜尊属商代古老的淮夷族器物，被认定为国家一级文物。

汉字学习

甲骨文　金文　小篆　康熙字　楷书

酉，读音 yǒu，象形字。甲骨文中，"酉"字的字形就是一个酒坛的正面形象。古人用酒坛来表示"酒"，所以，"酉"的含义就是酒。后来，"酉"被借用到十二地支中纪月，就加上三点水，造出一个"酒"字，此后，"酉"和"酒"就成了含义不同的两个字。"酉"也是汉字的一个部首，从"酉"的字多与酒或发酵制成的食物有关，如酩酊大醉、醜（丑）、醋、酱、酗、酣等等。

金文　战国文字　篆文　楷书

酋，读音 qiú，会意字。"酋"字的字形是在"酉"（酒坛）上面加了两个点。这两个点是分酒的意思。酒坛里的酒是陈酒，酒糟下沉，酒与酒糟分开。"酋"字的本义是陈酒，久酿之酒，引申为从事与酒有关工作的人。许慎《说文解字》："《礼》有大酋，掌酒官也。"在古代，主持祭祀的是部落的首领，首领有给大家分酒和主持祭祀的权力，后来部落的首领称为酋长。酋长就是代表族人把酒献给祖先和神灵的人。

汉字学习

| 甲骨文 | 金文 | 楚系简帛 | 说文 | 楷书 |

尊，读音zūn，会意字。甲骨文和金文字形上面是酒杯，下面是双手，是双手捧起酒杯敬酒之义。字的本义是盛酒的酒器。《说文·酉部》："尊，酒器也。"

中国人的"尊"文化

知识链接

中国是礼仪之邦，有关"尊"的文化是其重要内涵。

"尊"是古代贵族阶级祭祀时使用的重要礼器，常常应用在庄重、庄严的场合，因此，这些礼器也受到特别的尊重，由此，"尊"字也引申出"尊重""尊敬"之义，如"尊贤而重士"（汉朝贾谊《过秦论》）；用作动词时，还表示"尊崇"之意，如"故君子尊德性而道问学"（《礼记·中庸》）；还有"节制""谦抑"的意思，如"谦尊而光"（《易·谦》），"大者不难卑身尊位以下之"（《韩非子·说疑》）；用作形容词时表示"尊贵""高贵"之意，如"天子者，执位圣尊"（《荀子》）；用作名词时表示受尊敬的人，如"令尊""尊上""尊大人"等；用作敬辞时表示对对方的尊敬，如"尊姓"等。

39. 三星堆纵目人

青铜纵目人因怪诞奇特的造型而被戏称为外星人的杰作。

四川广汉三星堆遗址，被认为是古蜀人的祭祀坑遗存。在三星堆出土的众多文物中，给人印象最深的是巨大的青铜纵目人面具。这件面具双眼外突，耳朵向两边张开，鼻子高大，五官表情都极度夸张，呈现出凌厉威严之势。这样的青铜面具，在中国的文物考古史上实属罕见。这种完全不同于普通人面相的造型，也被人们戏称为"外星人"。青铜纵目人面具怪诞而奇特的造型，引起不少专家的关注，然而，迄今尚无人做出令人信服的解释。一般的青铜面具是祭司祭祀时佩戴在脸上使用的，但这件青铜面具又大又重，显然不是戴在脸上的，应该是用来崇拜祭祀神灵的。

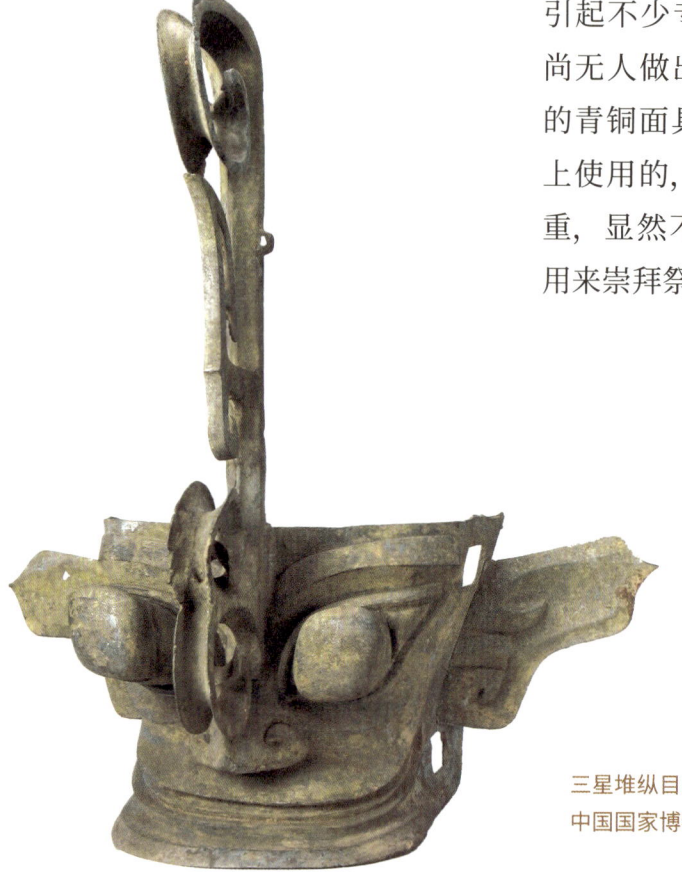

三星堆纵目人
中国国家博物馆藏

汉字学习

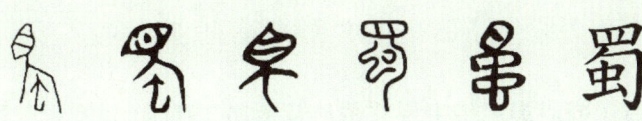

甲骨文　金文　楚系简帛　说文　秦系简牍　楷书

蜀，读音 shǔ，象形字。甲骨文中，"蜀"字的字形就像长着大眼睛的虫子，本义是蚕，引申指蛾蝶类的幼虫。大概川西之地多养蚕，这里的部落首领叫蚕丛，称为蜀王。蜀是古部族名，后作古国名。四川一带，商周时为蜀国，秦时为蜀郡，三国时为蜀汉地，所以四川的别称就是"蜀"。传说黄帝的正妃嫘祖是四川绵竹一带的人，嫘祖是养蚕术的发明者。在历史上，四川地区的丝织业非常发达，"蜀锦"就是著名的丝织品。

说文　秦系简牍　繁体楷书　简体楷书

蚕，读音 cán，形声字。本义是一种能吐丝结茧的昆虫，叫家蚕和桑蚕，吃桑叶长大，蜕皮时不食不动，称作"眠"。经过四眠吐丝作茧，家蚕的丝可织绸缎。另有柞（zuò）蚕，叫野蚕，吃柞树的叶子，柞蚕的丝可织茧绸。

蚕丛国和鱼凫国的传说

李白《蜀道难》诗中说:"蚕丛及鱼凫,开国何茫然。"蚕丛、鱼凫是谁?"开国何茫然"又如何理解呢?

西汉扬雄的《蜀王本纪》中说:"蜀王之先名蚕丛,后代名曰柏灌,后者名鱼凫(fú)。此三代各数百岁,皆神化不死,其民亦颇随王去。鱼凫田于湔山,得仙。今庙祀之于湔。时蜀民稀少。"成书于晋代、记载我国西南地区历史的《华阳国志》中说:"有蜀侯蚕丛,其目纵,始称王。次王曰柏灌。次王曰鱼凫。"

三星堆遗址出土的几件大型纵目人面具和鹰鸟形象的青铜器与文献记载对照,印证了古蜀传奇人物蚕丛和鱼凫的存在。"纵目"是蚕丛的形象特征。传说蚕丛是养蚕专家,他的眼睛像螃蟹一样,是向前突起的。三星堆青铜纵目人面像的眼球向前凸出于眼眶十几厘米,有些人面的鼻梁上还铸有一条龙。鱼凫就是鱼鹰,古蜀人将鸟的形象赋予祖先,还铸造了巨型鹰首、人首鸟身、人身鹰爪等形象的青铜礼器。

在殷墟和周原出土的甲骨卜辞中,出现了"蜀受年""征蜀""至蜀有事"的记载,可以见证当时商与蜀之间的联系与纷争。据《尚书》记载:"武王伐纣实得巴蜀之师。"根据年代分析,三星堆遗址中,至少有两个祭祀坑是属于鱼凫王时代的,那里出土的大量的戈、剑、矛等兵器和礼器,说明蜀人有尚武之风。

看来,通过考古与文献的互证,李白所说的"蚕丛及鱼凫,开国何茫然"的古蜀国确实是存在的。

40. 利簋

利簋（guǐ）是夏商周断代过程的重要实物证据，是国宝级文物。

簋是盛装祭品的礼器。利簋亦称"武王征商簋"，出土于陕西临潼。利簋是目前已知最早的西周青铜器，通高 28 厘米，重约 8 千克，两侧有兽首双耳，器身装饰饕餮纹和蝉纹。利簋铸造于西周初年，铸造者是一位叫"利"的官员。利追随周武王伐纣，战争胜利之后，他得到了天子的嘉奖赏赐，特作此器纪念灭商之事，并用以祭祀自己的祖先。簋的底部有铭文，记载了周武王姬发在甲子日清晨彻底打败商纣王的重大历史事件。这是目前已知的有关武王伐纣史实的唯一遗存文物。

利簋的铭文共分四行，三十二个字："武征商，唯甲子朝，岁鼎，克昏夙有商，辛未，王在阑师，赐右吏利金，用作檀公宝尊彝。"这些文字和《尚书》《淮南子》《逸周书》等古籍中"并

利簋
中国国家博物馆藏

逢岁星（木星）当空""战一日而破纣之国""时甲子昧爽，王朝至于商郊牧野，乃誓"等记载完全吻合，是商周断代的重要实物证据。历史学家和天文学家依据铭中记载的甲子日和岁星在中天的天象，参照《国语·周语下》等文献记载，计算出武王伐纣的时间是公元前 1046 年 1 月 20 日。

汉字学习

簋,读音 guǐ,会意字。"簋"字的本义是古代青铜或陶制盛食物的容器,圆口,两耳或四耳。有的金文字形 像一个人拿着勺子从圆形食具中取食的形状。小篆中的"簋"字簋,由竹字头、"皀"(bī,盛满食物的食具)和"皿(器皿)"三部分组成,表明它是竹制的盛食器具。《说文解字》:"簋,黍稷方器也(盛放黍稷的器皿)。"不过,后来出现的青铜簋主要用于祭祀,属于礼器。

青铜铭文的历史价值

知识链接

先秦时期的历史,如果仅靠文献记载来梳理,是有很大的局限性的。因为这一时期的文献记录不详,还有许多是后世整理的。中华文明具有悠久的历史,然而真正有明确的文献记载年代的"信史"却是从西周共和元年(前841年,见于《史记·十二诸侯年表》)开始的,此前的历史年代模糊不清。夏商周断代工程的目的就是研究和排定夏商周时期的确切年代,为研究中国五千年文明史创造条件。

西周青铜器数量众多,带有长篇铭文的铜器数量也很大,这些带有长铭的铜器,其历史价值甚至超过文献史料。从青铜器分期与断代学角度考察,许多刻有长篇铭文的青铜器,其内容涉及祭祀、赏赐、策命、征伐等,这对于确定器物的绝对年代具有重大价值。

武王时的利簋铭文记载的伐商时间与文献完全相同，成为研究武王伐商及西周断代的重要实物资料。其他青铜器上的铭文同样具有很高的历史价值。如大盂鼎铭有禁酒内容，酷似《尚书·酒诰》中的内容。江苏丹徒发现的宜侯夨（cè）簋记述周康王对宜侯夨的册封与赏赐，所赐之物有器物、山川和奴隶，是研究吴国早期历史的宝贵资料。小盂鼎铭记伐鬼方，是研究民族关系的重要资料。西周后期的青铜器有很多长篇铭文，毛公鼎铭文有497字，是最长的一篇铭文。陕西扶风的胡簋铭，是周厉王祭祀父母和祖先的祭文。著名的虢季子白盘，上面的铭文记述虢季子白受天子之命征伐猃狁，"折首五百，执讯五十"，因杀敌有功而受到周天子赏赐。西周中期青铜器曶（hū）鼎铭文中也有"匹马束丝"一说，即一匹马和一束丝可以替五名奴仆赎身，这是研究奴隶制社会历史的重要资料。史墙盘铭文284字，前段追颂周初文、武、成、康、昭、穆各王的功业，在铜器铭文中并不多见，冰释了历来史学家的争议，可印证和补充历史文献。

近年来陆续发现了一些群、组铜器，例如陕西扶风庄白村、眉县杨家村青铜器窖藏等，其中的许多器物可以作为铜器断代的标尺或关联物，对研究西周青铜器的纵横关系具有重要意义。

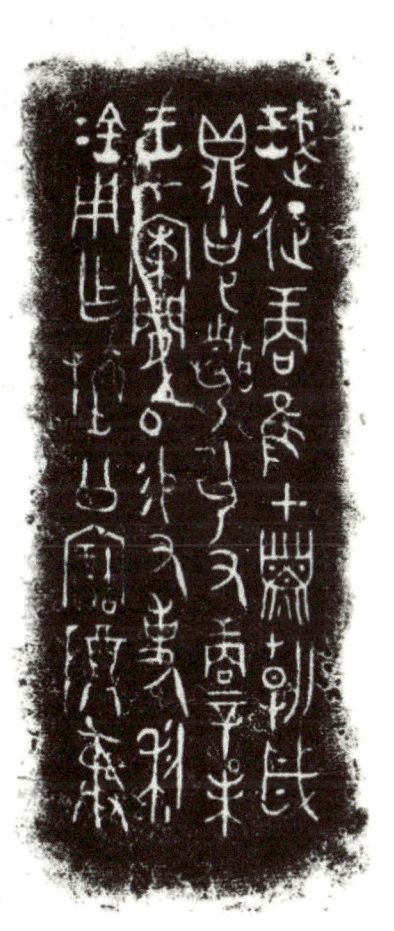

利簋铭文

41. 刖人守门鼎

刖人守门鼎
宝鸡青铜器博物院藏

有这样一件见证西周残酷刑法和奴隶悲惨命运的文物,它的出土曾经引发广泛关注,这就是刖(yuè)人守门鼎。

刖人守门鼎,1988年出土于陕西宝鸡。铜鼎通高177厘米,口横11.9厘米,口纵9.2厘米,腹深6.3厘米,重1.75千克。刖人守门鼎分为上下两层,上层盛放食物,下层放置炉盘,以炭火加热,可以使鼎内食物保持一定的温度。铜鼎两侧设窗,正面开门,底部的小孔和背面的窃曲纹镂孔用于通风、助燃,还可以散烟。这个鼎可以说是中国最早的火锅。它最引人注目的地方是炉体正面那两扇可以自由开合的门,其中右边的门上站立着一位束发裸体、失去左足的男性奴隶。把脚砍掉,是古代的一种酷刑。这种刑罚被称作刖,为古代五刑之一。这件铜鼎上的雕塑是西周刖刑的真实写照,与史书中"刖者守门"的记载相符。

汉字学习

刖

甲骨文　说文　秦系简牍　楷书

刖，读音yuè，形声字。从刀，月声。"刖"字的本义是断足，为古代的一种酷刑，即砍掉人的一足或双足。"刖"的造字意图非常明显，甲骨文中的"刖"字，左边是一个站立的跛（bǒ）脚的人，右边的人一只手拿着一个"我"（三齿兵器），锯掉人的一足。有的甲骨文中，这个字的右边是一把刀。在小篆中，这个字被写成（肉）加上利刀旁。许慎《说文解字》："刖，绝也。""绝"就是断的意思。

 **屦贱踊贵**

知识链接

这一典故出自《左传·昭公三年》："国之诸市，屦（jù）贱踊（yǒng）贵，民人痛疾。"当初，齐景公想要为晏婴更换住宅，对晏婴说："你的住宅靠近市场，潮湿狭窄，而且声音嘈杂，尘土飞扬，不能居住，可以换到明亮干燥的地方。"晏子推辞说："君主以前的臣子就容身在这里，我本不足以继承他的职位，住在这里还觉得奢侈呢。而且这里靠近市场，随时能够买到我所需要的东西，这是这个宅子的好处，哪里还敢麻烦君主来帮我更换家宅呢？"齐景公笑着说："这里

西周刖人守囿（yòu）铜挽车
山西考古博物馆藏

靠近市场，那么货物价格的贵贱你知道吗？"晏婴回答说："既然得到靠近市场的好处，还能不知道市场价格吗？"齐景公问："那么什么东西贵，什么东西贱？"当时刑罚繁重，好多人被砍掉了腿脚，于是市场上有很多人出售假足，所以晏婴回答说："屦贱踊贵。""踊"是被削足的人所用的假足，"屦"就是鞋。齐景公明白晏子话里有话，因此减轻了刑罚。这个成语典故讽刺了一些当政者滥施刑罚的行为，后用以比喻世态失常，社会现象极不合理。

42. 何尊

何尊
宝鸡青铜器博物院藏

何尊是最早见证"中国"一词的实物资料，意义重大。

何尊是西周早期周成王时期的青铜器，1963年出土于陕西宝鸡。尊高38.8厘米，口径28.8厘米，重14.6千克。内底铸铭文12行122字，记载了周成王亲政五年时，在新营建的东都成周对其下属"宗小子"的训诰，其中提到周武王在世时决定迁都洛邑（今河南洛阳），即"宅兹中国"，可与《尚书》中的《洛诰》《召诰》《逸周书·度邑》等文献记载相互印证，起到了证实补史的作用，为西周历史的研究和青铜器的断代提供了重要的实物资料。同时，"中国"两字作为词组，首次出现在何尊铭文中，意义重大。何尊已被列入中国首批禁止出国（境）展览文物目录，是国家一级文物。

汉字学习

中，读音 zhōng，指事字。甲骨文和金文中，"中"字的字形相近，都是中间有一竖向旗杆，上下有旌旗和飘带，旗杆的中间画一个圆圈做指示的符号，意思为中间。在后来的演变过程中，旗子的形状被省略了，只剩下旗杆。"中"的本义就是中心、当中，指一定范围内中间的位置。

古代"中国"的含义

"中国"一词是何时出现的？何尊的出土，使得这个问题有了答案。何尊铭文中的"宅兹中国"，其含义是"住在这个国之中央"，这里的中央就是指当时的洛邑，即今天的洛阳。

古代的"中国"与今天的中国是两个不同的概念。古人受天文地理知识的限制，总是把自己居住的地方看作是天下之中，即"中国"，而称他族的居住的地方为东、南、西、北四方。"中国"最初只是一个方位上的概念，即中央之城或中央之国。当时所说的"中国"的范围大致和中原地区相吻合，所以，古时的"中国"指的就是中原地区。

"中国"还是一个民族与文化概念，指诸夏（华夏）或汉族居住的地区和建立的国家，意思是在文化上居于优势地位之族群或国家。《列子·汤问》中有"南国之人祝发而裸，北国之人鞨（hé）巾而裘。中国之人冠冕而裳"的记载，《史记·楚世家》中也说："熊渠曰：我蛮夷也，不与中国之号谥。"所以，中国与所谓的东夷、南蛮、西戎、北狄的区别，在本质上是文化区别。随着民族融合和中原文化的传播，"中国"的范围不断扩大，华夏民族的包容性也越来越强。

东汉"多贺中国人民富"铜镜

43. 大盂鼎

大盂鼎
中国国家博物馆藏

西周时期的大盂（yú）鼎、大克鼎、毛公鼎，由于都出土于晚清时期，因此被誉为晚清"海内三宝"。

大盂鼎造于西周周康王时期。鼎高101.9厘米，口径77.8厘米，重153.5千克，在现存西周青铜器中属于大型器。鼎身立耳、圆腹、三柱足、腹下略鼓，口沿下饰以饕餮纹带。铜鼎造型雄伟凝重，富丽堂皇，堪称世间瑰宝，被列入中国首批禁止出国（境）展览文物。

大盂鼎铭文共19行291字，记述了周康王二十三年九月册命贵族盂之事。铭文中，周康王告诫盂，殷商王朝因酗酒而亡国，周代忌酒，以免耽（dān）乐于酒。周康王要盂一定要好好辅助他，敬承文王武王的德政。大盂鼎铭文中关于商人纵酒亡国的记载，不但可以印证古说，而且是目前发现的唯一实物证据。

汉字学习

| 甲骨文 | 金文 | 楚系简帛 | 说文 | 秦系简牍 | 楷书 |

行，读音 háng 或 xíng，象形字。本义是道路。甲骨文中，"行"字的字形像路口畅通的大道。金文、战国文字与甲骨文大同小异。许慎《说文解字》："行，道也。"《诗经·豳风·七月》中有"女执懿筐，遵彼微行，爰求柔桑"的诗句，意思是说，姑娘提着篮子，沿着那条小路，采摘嫩桑叶。后来，"行"的字义由条状的道路引申为行列。因为道路是供人行走的，故又读 xíng，表示行走，出行。

| 甲骨文 | 金文 | 战国文字 | 篆文 | 隶书 | 楷书 |

直，读音 zhí，会意字。甲骨文中，"直"字的主体象形是人的一只眼睛直视前方，上面的一竖代表方向。这个字的本义是眼睛直视前方，后引申为不弯曲，与"枉""曲"相对。又引申为正直、公正、不偏私。《周易》："君子直道而行，不为物动，不以情拘。"许慎《说文解字》："直，正见也。"

博物馆里的大语文

汉字学习

甲骨文　　金文　　战国文字　　篆文　　隶书　　楷书

　　德，读音 dé，会意字。甲骨文中，"德"字的字形是"行"中间加上"直"组成的，"行"表示道路、方向，用眼睛看清道路的方向，直行；金文加上"心"，突出心地正直之义。"德"的含义是按照正直的准则去想、去做，也包含心理和精神层面的正道规范。（参考谷衍奎《汉字源流字典》）

孔子的"德治"思想

知识链接

　　在中国古代，有一个治国理政的优良传统，即提倡"德治"，这一思想是在先秦时期形成的。

　　在治国方面，孔子继承并发扬了西周的"德治"主张，这是孔子仁学思想的推广与具体运用。他认为道德教化是最高尚和最有效的治国途径，统治者需要培养良好的道德品质，并依据这种品质来治理国家，影响百姓，教化民众，以获得其心理支持，进而增强统治的合法性。孔子的治国理念是，将道德的良善作为政治的目的，把政治的根本理解为道德问题。

　　德治的出发点是从个体的"修身"开始的，具体的实行途径就是遵循"礼"。与法家相反，在德治和刑治的关系上，儒家主张德主刑辅，实施德治的过程应该是道德化的过程，政治就是道德的延伸与外化，这种观点构成了德治思想的理论基础。

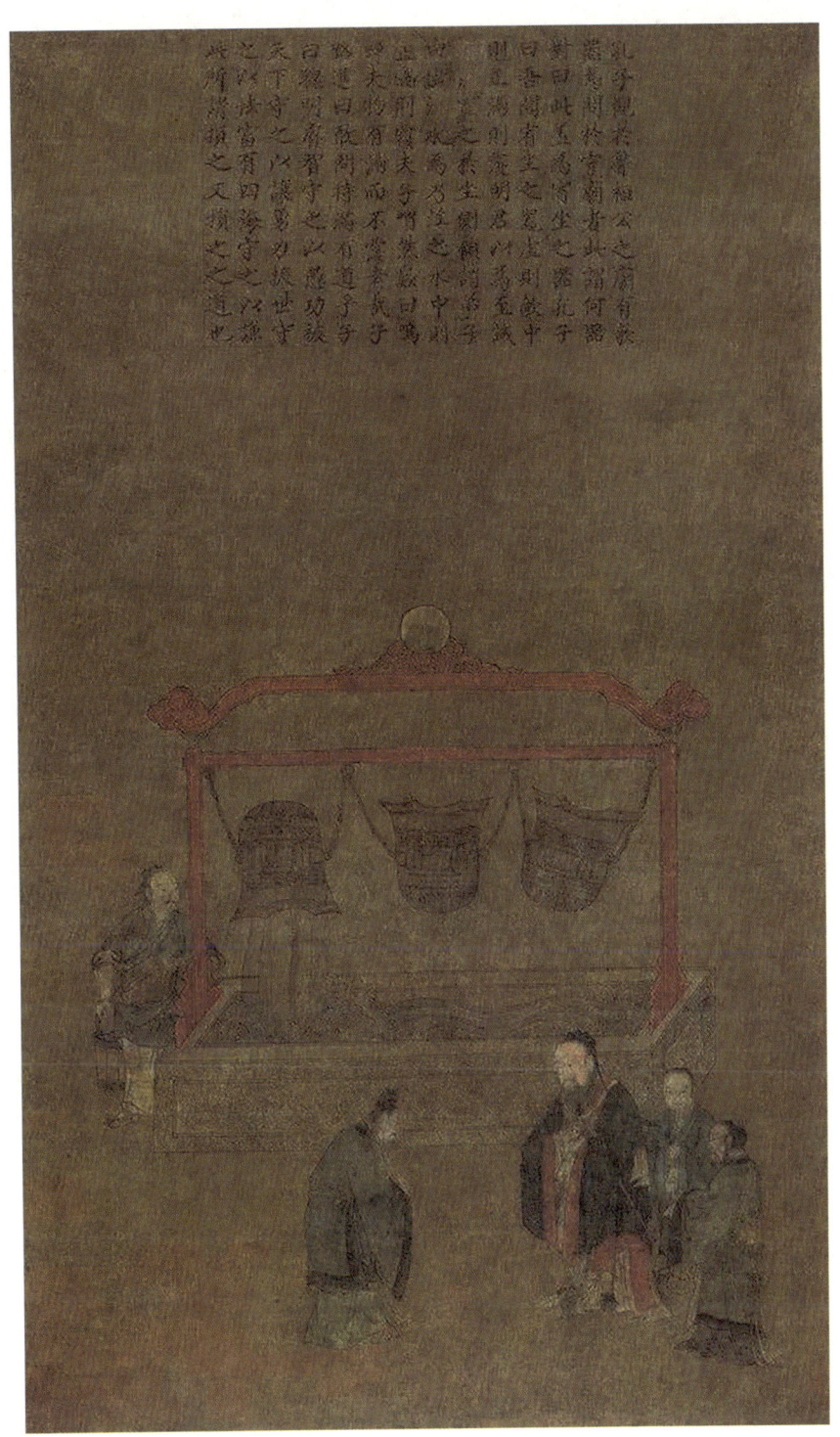

明·孔子观欹（qī）器图轴
孔子博物馆藏

44. 西周柉禁

柉禁
美国大都会博物馆藏

柉（fán）禁是古代承放酒器的长方形几案。柉是古书上说的一种树，禁是承酒尊的器座。鉴于夏商饮酒而亡国，周发布了中国最早的禁酒令《酒诰》。正因为如此，西周时代的酒器也被称为"禁"，留下了中国第一个禁酒时代的印记。

西周柉禁套器是祭祀礼器，1901年出土于陕西宝鸡，共14件。禁中空无底，上置各种酒器，包括用来盛酒的提梁卣（yǒu），用以盛酒。两卣中间有尊，饮酒用的觯（zhì）、爵、角和觚，盛水调酒的盉，温酒用的斝（jiǎ）等。禁长87.6厘米，宽46厘米，高18.7厘米，禁上所置酒器最高47厘米。这套青铜酒器在国内外均十分罕见，极其珍贵。

汉字学习

战国文字　篆文　隶书　楷书

禁,读音 jìn,形声字。"禁"字出现得比较晚,始见于战国文字。《说文解字》:"禁,吉凶之忌也。"从示,林声。从示(祭台),表示与"吉凶福祸"的避忌有关。"禁"字的本义就是禁忌、避讳和忌讳。由忌讳引申为不许,禁止,如禁烟,禁毒;也指法律或习俗不允许的事情,如入国问禁;皇帝住的地方不允许闲人进入,故称禁宫、禁苑、紫禁城。西周时期把酒器称为禁,包含警戒饮酒者的意思,其作用类似现在出现在香烟盒上的"吸烟有害健康"。

夏商亡国与西周禁酒

知识链接

在中国历史上,禹可能是最早提出禁酒的帝王。相传"帝女令仪狄作酒而美,进之禹,禹饮而甘之,遂疏仪狄而绝旨酒,曰:'后世必有以酒亡其国者'"。

夏、商两代末君,都沉湎于饮酒而致使国家破亡。夏代的夏桀因狂欢"牛饮"而失国并遭放逐,商朝的帝辛因"长夜之饮"而亡国自焚。西周的统治者为防止重蹈前代覆辙,颁发了《酒诰》,明确规定,除祭祀大典之外,禁止饮酒。周公旦以周成王之命作《尚书·酒诰》,其中规定,"饮惟祀"(只有在祭祀时才能饮酒且不能喝醉);"无彝酒"(不要经常饮酒,平常少饮酒,以节约粮食);"执群饮"(禁

云纹铜禁
河南省博物院藏

止聚众饮酒,发现后会被抓起来杀掉);"禁沉湎"(禁止喝醉酒)。用酒祭祀或敬神,养老奉宾,都可以饮酒,但不能醉酒与聚众饮酒,这是西周禁酒最关键的内容。周平王东迁洛阳后,礼崩乐坏,周朝的禁酒令也如同一纸空文,几乎无人执行。在这种情况下,王公诸侯在祭祀时已经可以饮酒,甚至违法饮酒,不过,承置酒器的案具,却烙下中国第一个禁酒时代的印痕——名曰"酒禁"。

45. 陶模与陶范

东周饕餮纹模
山西博物院藏

东周饕餮纹模是东周时期陶器，1957年出土于山西太原侯马铸铜遗址。在历史上，这里是晋国重要的手工业区域。这里曾经出土了大量精美的青铜器铸造陶质模范，俗称侯马陶范。饕餮纹模为长方形，长42厘米，宽18厘米，采用高浮雕技法雕刻而成，主线条粗犷刚劲，细线条精致缜密。图案为饕餮纹，各个部位刻画明确。兽面双目为椭圆形，眉毛向上卷曲，耳为虎耳形状，双角向左右两边展开后又向下钩曲，兽口大张，外露尖锐獠牙，表情十分凶恶。主纹内以鳞纹、斜角云纹、鱼子纹和斜线纹等作为填充纹饰，体现出晋国铸铜工匠的高超技艺。

蟠虺（huǐ）纹钟甬范也是东周时期的文物。蟠虺（huǐ）纹是青铜器纹饰的一种，以蟠曲的小蛇构成几何图形，盛行于春秋战国时期。这件蟠虺纹钟甬范为编钟甬部的一半，呈长条形半圆状，自上而下饰四组蟠虺纹，中间以素宽带分隔，细虺相互交缠盘绕，繁密细致，斡部中间有两个圆孔与镶嵌合好的旋范相通，旋范是做好之后镶嵌到甬范上的。

侯马陶范为中国青铜铸造史和美术史研究提供了弥足珍贵的资料。其复杂的解剖式造型和精美的纹饰，在制范、铸造和纹饰雕刻上可以为人们提供直观的资料，因此它对晋国青铜文化乃至中国青铜文化研究都具有重要的价值。

汉字学习

模 篆文 隶书 楷书

模，读音 mú，形声字。本义是铸造器物的模子，指用压制或浇注的方法使材料成为一定形状的工具，一般称为模子、模板、模具。用"木"做偏旁，表示有的模子是木制的。读音为 mó 时，字义为规范、标准，如楷模、模范；做动词时，字义是仿效，效法，如模仿。

范 篆文 隶书 楷书

范，读音 fàn，形声字。本义是铸造器物的模子，如铜范、铁范等，后来引申为法则、规范、榜样等。又引申为一定的界限、限制，如范围、防范，就范。许慎《说文解字》："范，法也。"

蟠虺纹钟甬范
山西博物院藏

模范法

知识链接

先秦时期的青铜铸造主要采用模范法。模范法的制作流程大致分为制模、制范、浇注和修整四个步骤。

制模是先用泥土塑出准备铸造的器物实样,在其表面雕刻出纹饰,即俗称的模子,模子干后在上面用泥反复按压成外范(将泥土敷在模上,脱出后形成铸件外轮廓的组成部分)。从模上翻范是模范铸造技术的中心环节,有很强的技术性。把模子刮去一层,即成内范(芯),内外范之间的距离就是要铸造的器物的厚度。最后从浇灌孔注入青铜溶液,溶液冷却,即可打碎内外范取出铜器。此后,铸件还要进行精心修整,经过锤击、锯挫及打磨等工序,消去多余的刺、边,这样,一件青铜器才算最终制造完成。

比较简单的实心器物,如刀、戈、镞等,只需由模型翻制两个外范即可,此种外范称为二合范。

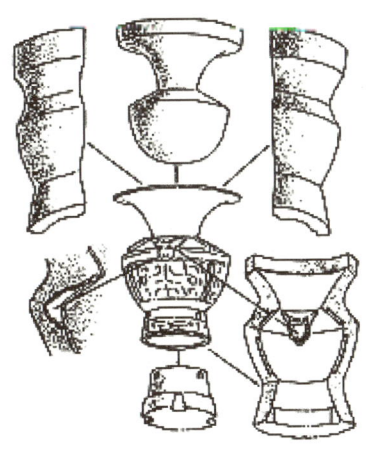
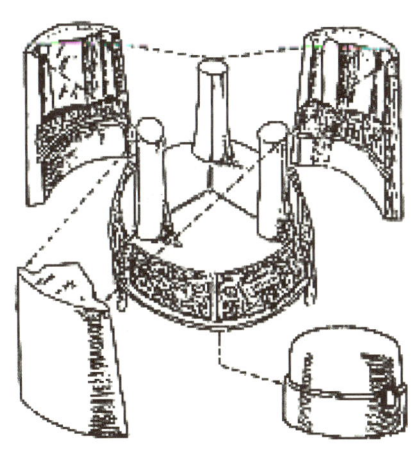

模范法铸造示意图

46. 秦公簋

秦公簋
中国国家博物馆藏

秦公簋是春秋时期的祭器，体现了秦人的创新精神。

秦公簋1919年出土于秦人发祥地甘肃陇南。此簋为圆形，盖顶部有圆形捉手，面饰瓦纹。簋侧两耳饰兽首，口沿下饰勾连纹带，腹为瓦纹。

秦公簋之所以闻名于天下，主要是由于上面的铭文。这件青铜簋有盖内铭文54字，器身铭文51字，器盖联铭，合成一篇完整的祭祀文章，共计105字。铭文内容记载秦国建都已历十二代，威名远震。作器者要继承祖先的功德，抚育万民，武士文臣，永保四方土地，于是作此器以为颂。铭文见证了秦国兴起的历史，具有重要的史料价值。

秦公簋铭文字体规整严谨，静穆大方，有其独特的风格。这些铭文与秦公钟铭文、石鼓文等，对秦始皇时期秦篆及其他书体的创造和发展产生了深远的影响。秦公簋铭文在制作时采用了方块印模法，即先制作字模，然后一一印在模上，字字连续印成，最后进行浇铸。这种制作铭文的方法，也就是把每个字刻成单个陶泥活字，再拼凑起来。这种铸铭工艺，开创了日后活字印刷字模的先例，是秦人重要的科技发明之一，体现了秦人的创新精神。

秦公簋铭文

汉字学习

甲骨文　金文　楚系简帛　说文　秦系简牍　楷书

秦，读音 qín，会意字。本义是舂捣禾谷。甲骨文中，"秦"字的字形像双手拿着杵（chǔ）捣禾取谷的形象。秦公簋中的"秦"字杵下面还有一个"臼"。古代关中之地是富饶的产粮区，盛产禾麦，故称其地为秦，后成为古代封国名，即战国七雄之一的秦国。秦也是朝代名，即秦始皇所建立的秦朝。

《诗经·秦风·无衣》

秦风·无衣

岂曰无衣？与子同袍。王于兴师，修我戈矛。与子同仇！

岂曰无衣？与子同泽。王于兴师，修我矛戟。与子偕作！

岂曰无衣？与子同裳。王于兴师，修我甲兵。与子偕行！

电视剧《大秦帝国》剧照

《秦风·无衣》是中国古代第一部诗歌总集《诗经》中的一首诗。关于它的创作背景、写作旨意，目前主要存在三种不同的观点：第一种观点认为，此诗是讽刺秦君穷兵黩武、崇尚军力的作品；第二种观点认为，此诗乃是秦哀公应楚臣申包胥之请，出兵救楚抗吴而作，是哀公征召秦民从军、士卒相约之歌；第三种观点认为，《秦风·无衣》是秦人攻逐犬戎时兵士唱的战歌。

据清华大学所藏战国竹简记载，秦人是东方嬴姓人，西周平定武庚和东夷叛乱后，秦人被西周从山东强制迁移到甘肃天水一带。周朝给他们的任务是驻守边疆，防御西北的戎人。秦人坚忍不拔，在大西北恶劣的环境中生存下来，而且不断壮大，靠的就是勇武善战、发愤图强的精神。

　　秦襄公七年（周幽王十一年，公元前771年），周王室内讧，戎族入侵，攻进镐京，周王朝土地大部沦陷，秦国靠近王畿，与周王室休戚相关，遂帮助周王室奋起抗击犬戎。此诗可能就是在这一背景下产生的。

　　后人评价此诗，认为它是一首激昂慷慨、同仇敌忾的战歌，是秦人勇武善战精神的象征，体现了秦军民团结互助、共御外侮的高昂士气和乐观精神。全诗风格豪迈激昂，采用重章叠唱的形式，抒写将士们的勇武气概和爱国精神。在大敌当前之际，他们以大局为重，与周王室保持一致，听到"王于兴师"的号令，便奔赴前线，共同杀敌。

【注释】

1. 秦风：《诗经》十五国风之一，今存十篇。
2. 袍：长袍，即今之斗篷。
3. 王：此指秦君，一说指周天子。于：语助词。兴师：起兵。
4. 修：整治。
5. 同仇：同伴。仇，匹偶。一说共同对敌。
6. 泽：通"襗"，贴身内衣，如今之汗衫。
7. 偕作：一起行动。
8. 裳：下衣，此指战裙。
9. 甲兵：铠甲与兵器。
10. 行：往。

47. 蔡侯申豆

蔡侯申豆
中国国家博物馆藏

这里所说的"豆"并非我们通常理解的豆类之"豆"。在先秦时期，豆是食器和礼器，在新石器时期已经出现了陶豆，夏商周时期更是出现了青铜豆。当时，青铜豆是贵族祭祀时盛放祭品的礼器。蔡侯申豆1955年出土于安徽寿县蔡昭侯墓。器高35厘米，口径17.5厘米，足径13.2厘米。器身作半球状，口缘下附四环耳，短校，圈镫。盖扁圆，与器身相合成球状，上置四环纽。

蔡昭侯，名申，是春秋末期蔡国国君。据《公羊传》记载："哀公四年，王二月庚戌，盗杀蔡侯申。""盗杀"是史家之春秋笔法，国君为地位低贱的人所杀称"盗杀"。蔡国的贵族为了抵制蔡侯申向南迁都，找人杀了蔡侯申。这些贵族可能是出于愧疚心理，厚葬了国君。

汉字学习

甲骨文　金文　楚系简帛　说文　秦系简牍　楷书

豆，读音 dòu，象形字。"豆"字的本义是指古代的一种盛食物的器皿，这种食器形似高脚盘，或有盖。甲骨文中"豆"字的字形就是一个"豆"的形状豆。《说文解字》："豆，古食肉器也。"最早的陶豆是盛放黍稷用的，后来的青铜豆主要用于盛放祭品，变身为礼器。再后来，豆作为礼器的用途消失，器物的形制也发生了改变，所以后来的汉字中，"豆"作为器皿的含义渐渐淡去，大家知道的"豆"只有豆类的"豆"了。豆是汉字部首之一，从"豆"的字或与食器有关，或与豆类有关，如豇、豉、豐、痘等。

甲骨文　金文　楚系简帛　说文　隶书　楷书

丰，读音 fēng，象形字。"丰"的繁体字是"豐"。"豐"的甲骨文字形是一个祭器"豆"中装满了两串玉。许慎《说文解字》："豐，豆之豐满者也。"豆是盛放东西的器皿，后来成为礼器。装满祭品的豆就是"豐"，由此，"豐"的字义又引申为丰富、丰满、丰收；再引申为盛大，丰盛，如丰功伟绩，不朽丰碑。简化字中的"丰"，只留取了"豐"字的一部分，因此从字体上已经看不出造字之初的含义。

博物馆里的大语文

汉字学习

| 甲骨文 | 金文 | 战国文字 | 篆文 | 隶书 | 楷书 |

登，读音 dēng，会意字。"登"也是和"豆"有关联的一个汉字。甲骨文中，"登"字的字形，下面是捧着"豆"的两只手，上面的两只脚代表前行，双手捧豆前行，向神灵进献祭品，所以，这个字的本义就是进献。"登"是一种祭祀仪式。《诗经·大雅·生民》中有"昂盛于豆，于豆于登，其香始升，上帝居歆"的诗句，意思就是说，把祭品装在豆里面，双手捧豆，敬献于神前，祭品的香气袅袅上升，神灵也来享受这人间美味。后来，"登"的含义由"进献"引申为"上升"，如"登山""登高"等，又引申为庄稼成熟，如五谷丰登。

五谷丰登
知识链接

"五谷丰登"是汉语成语，意思是指年成好，粮食丰收。语出《六韬·龙韬·立将》："是故风雨时节，五谷丰登，社稷安宁。"

"五谷"原是中国古代所称的五种谷物。关于五谷，主要有两种说法，一种指麻、黍（shǔ，黄米）、稷（jì，指粟，俗称小米）、麦、菽（shū，豆类的总称）；另一种指稻、黍、稷、麦、菽。

中国古代经济文化的中心在黄河流域，而稻的主要产地在南方，北方种稻有限，所以"五谷"中最初是无稻的。

48. 镂空龙纹俎

镂空龙纹俎
河南博物院藏

《庄子·逍遥游》中有句名言:"庖人虽不治庖,尸祝不越樽俎而代之矣。"意思是说,在祭祀的时候,即使厨师不下厨,主祭人也不能离开本职去代替厨师下厨。这就是成语"越俎代庖"的来历。那么,"俎"为何物呢?"俎"是古代祭祀时盛放祭品的器物,也指割肉用的砧(zhēn)板。

镂空龙纹俎1978年出土于河南南阳,为春秋时期文物。俎面长35.5厘米,宽21厘米,通高24厘米,重3.85千克。

《礼记·燕义》:"俎豆,牲体,荐羞,皆有等差,所以明贵贱也。"《周礼·膳夫》:"王日一举,鼎十有二,物皆有俎。"由此可以看出,俎属于礼器,它的使用也极其讲究。不同等级的贵族在俎的使用上,其数量规则大体上与鼎的使用相一致。由于木俎难以保存,因此目前发现的俎多数是石俎和青铜俎。收藏于河南博物院的镂空龙纹俎是非常珍贵的文物。

汉字学习

金文　楚系简帛　说文　秦系简牍　楷书

俎，读音zǔ，指事兼形声。本义是祭祀时盛放牛羊肉的礼器。金文中，"俎"字的字形像是有两条腿的"且(zǔ)"，隶变后，楷书写作"俎"，"肉"在"且"的左边。许慎《说文解字》："俎，礼俎也。从半肉在且上。"《左传·隐公五年》："鸟兽之肉，不登于俎。"《孔子世家》记载："孔子为儿嬉戏，常陈俎豆，设礼容。"意思是说，孔子在儿童时代做游戏的时候，经常模仿大人，把俎和豆两种礼器摆出来，研习礼制的规则和仪容。后来，"俎"常用来泛指切肉用的砧板。

"人为刀俎，我为鱼肉"

这个成语典故出自《史记·项羽本纪》。楚汉相争时，项羽在新丰鸿门屯兵40万，项羽的谋士范增游说项羽武力除掉刘邦。刘邦实力弱小，所以得知消息后，被迫前往鸿门项羽军中谢罪。项羽被刘邦的假意所蒙蔽，设宴款待刘邦。鸿门宴上，范增请项庄舞剑助兴，意图杀害刘邦。张良叫来樊哙，刘邦借上厕所的机会与樊哙商议如何逃走。刘邦犹豫是否去向项羽告辞，樊哙说："如今人方为刀俎，我为鱼肉，何辞为？"刘邦随即丢下车马与随从人员，独自骑马脱身，樊哙、夏侯婴、靳强、纪信四人拿着剑和盾牌徒步逃跑，回到霸上军中。

"人为刀俎，我为鱼肉"比喻生杀大权掌握在别人手里，自己处在被宰割的地位。

49. 吴王光青铜鉴

吴王光鉴
安徽博物院藏

鉴是古代的盛水器,可以用来冰酒,还可以盛水照面,当作镜子使用,后一种功用在文化上更是有很多引申意义。

吴王光鉴,是春秋晚期吴国青铜器,1955年出土于安徽寿县蔡侯墓,因作器者为吴王光(吴王阖闾)而得名,它是吴王光为其女儿叔姬出嫁制作的嫁妆之一。鉴内配有圆形尊缶和匜形勺,三器使用时合为一体,称鉴缶。尊缶盛酒,匜形勺挹注,尊缶与鉴的间隙置冰用以冰酒。鉴也可以做水器,用来照镜子。

吴王光鉴器形如大缸,平底。器高35厘米,口径59厘米,腹围188厘米,底径33厘米,耳高8.5厘米。器腹两侧有虎头状兽耳,两耳间的口沿旁有小虎攀缘器口,作探水状。内壁有铭文八列52字,说明了作器的缘由。吴王光鉴属国家一级文物。

汉字学习

金文　楚系简帛　说文　秦系简牍　楷书

鉴，读音 jiàn，会意字。本义是古代用来盛水或冰的青铜大盆。有的甲骨文写作 ，意思是一个人在器皿前照自己的影子。因为在水中能照见自己的影像，所以"鉴"有镜子之意。最早的镜子就叫作"鉴"，如铜鉴，后来称为铜镜。朱熹《观书有感》有"半亩方塘一鉴开，天光云影共徘徊"的诗句，诗中的"鉴"，即指镜子。后来，"鉴"的字义又从镜子引申为参考、借鉴，如司马光的《资治通鉴》，意思就是要以历史为参考，更好地治理国家。

 **吴王光与蔡侯申**

知识链接

　　吴王光就是吴王阖闾，春秋末期吴国君主。这位吴王很了不起，他任用《孙子兵法》的作者孙武为将军，以楚国旧臣伍子胥为相，使吴国逐渐强大起来。吴王阖闾做梦都想打败他一生中最大的敌人楚国。在孙武和伍子胥的帮助下，他确定了先破强楚，再征服越国的争霸方略。伐楚时采取分兵轮番击楚之策，频频攻楚，使楚疲于奔命。公元前506年，吴军在孙武、伍子胥率领下进攻楚国，五战五胜，攻克楚国都城郢都，迫使楚昭王出逃。后楚臣申包胥入秦乞师，在秦廷哭了七天七夜，才使秦出兵助楚复国。

蔡侯申铜方壶
中国国家博物馆藏

吴王光还采取结盟战略对付楚国。吴国的邻居蔡国当时处在楚国的控制之下，蔡国国君蔡昭侯想摆脱楚国的控制，于是吴王阖闾便与蔡昭侯结盟，联合对付楚国。为了巩固双方的联盟，吴王阖闾决定将自己的女儿叔姬嫁给蔡昭侯，为此特意铸造了一对青铜鉴作为嫁妆。百年之后，蔡昭侯与叔姬合葬于蔡侯墓，那对青铜鉴就成了陪葬之物。1955年，蔡侯墓被发现，墓中出土了青铜鉴，也就是我们现在看到的吴王光鉴。

50. 王子午鼎

王子午鼎，人称鼎中翘楚，这一方面是因为它精湛的工艺，另一方面是由于它反映出的重要的历史信息。

这件青铜鼎出土于河南南阳王子午墓，是春秋时期楚国的青铜器。王子午是楚庄王之子，楚共王的兄弟，曾任楚国令伊（宰相）之职。墓中共出土了一组七件铜鼎，鼎上刻有"王子午"字样。七鼎由大到小排列，称为列鼎，王子午鼎是其中最大的一件。按照列鼎制度，诸侯才能配七鼎六簋，王子午是没有资格享有七鼎的，这说明春秋时期已经礼崩乐坏了。

王子午鼎高67厘米，口径66厘米，腹径68厘米。鼎宽体，束腰，平底、斜立式耳，口部有一周厚边，器身周围有六个浮雕夔（kuí）龙作攀附状，香烟缭绕中有一种升腾的感觉。夔龙采用失蜡法分别铸出，然后焊接在鼎身上，铸造和焊接工艺水平都相当高。王子午鼎具有独特的楚国风格，束腰的造型很容易让人联想到"楚王好细腰"的故事。鼎内的长篇铭文表达了对先祖的追思，叙说了王子午自己施德政于民的业绩，并教育子孙以此为准则。铭文采用鸟虫书篆刻，这种字体是春秋战国时期最具代表性的字体之一，生动地再现了古代篆书独特的艺术魅力。

王子午鼎
中国国家博物馆藏

汉字学习

| 甲骨文 | 金文 | 战国文字 | 篆文 | 隶书 | 楷书 |

午，读音 wǔ，象形字。甲骨文和金文中，"午"字的形象是两头粗中间细的舂米棒槌。古代断木为杵，后来在演变过程中符号化。午被假借为地支的第七位，与天干相配，用来纪年、纪月、纪日、纪时，如甲午战争。"午"被借用之后，又造"杵"（chǔ）表示舂米的工具。因为"午"表示舂捣东西，有抵触、违逆之义，所以忤、迕、牾都有抵触、不顺从之义。

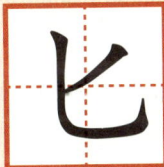

| 甲骨文 | 金文 | 战国文字 | 篆文 | 隶书 | 楷书 |

匕，读音 bǐ，象形字。古代的一种取食器具，长柄浅斗，形状像汤勺，后来用的羹勺就是由此演变而来的。在甲骨文中，"匕"字的字形，很像手柄弯曲的勺子的形状。后来的短剑称为匕首，就是因为剑的头部像勺，短而便用，故曰匕首。《刘向·说苑》中有"尺八短剑头似匕"的记载。

楚王好细腰

知识链接

《墨子·兼爱中》记载:"昔者楚灵王好士细腰,故灵王之臣皆以一饭为节,胁息然后带,扶墙然后起。比期(jī)年,朝有黧(lí)黑之色。"《韩非子·二柄》:"楚灵王好细腰,而国中多饿人。"《后汉书·马廖传》:"传曰:楚王好细腰,宫中多饿死。"

从前,楚灵王喜欢他的臣子有纤细的腰身,所以朝中一班大臣,把一日三餐减为每日只吃一餐。每天穿衣时,先要屏住呼吸,然后把腰带束紧,扶着墙壁才能站起来。一年之后,满朝文武官员的脸色都变得黑黄黑黄的了。

"楚王好细腰"的闹剧告诉我们:"上有所好,下必甚焉。"以君主个人的好恶去影响臣下的行为,并以此判定亲疏,必然会引起上行下效,导致下属的刻意逢迎和拼命邀宠。如此上下互动,渐成风气,势必会酿出大祸,危害国家。对于位高权重的人物来说,提倡什么,反对什么,必须谨慎行事,否则就会带来严重后果。

51. 宋公栾青铜戈

宋公栾青铜戈
中国国家博物馆藏

戈是一种用来勾杀的兵器,在春秋战国时期被广泛使用,一般为青铜铸造,配以木柄。

宋公栾青铜戈,1963年出土于安徽寿县。铜戈全长22.3厘米,胡部有6个工整的错金鸟篆铭文"宋公栾之造戈"。这件青铜戈属于王者之戈,拥有至尊的身份和地位。

宋公栾就是宋国第27任国君宋景公(公元前516年即位)。他继承了其祖上宋襄公之仁义,以"三句善言"而美名流传。据《史记·宋世家》记载,天象表明帝王有灾,宋景公很忧虑。司星子韦说,把灾祸移给相国,景公说:"相国是我的股肱(gōng)。"子韦说,那就移给百姓吧,景公说:"百姓是为君之本。"司星再说,那就移给年岁,景公说:"年岁不好,百姓就会困困,我还给谁当君主啊!"司星子韦说:"您这三句有君主之德的话,上天会听到的。"他们等了一阵,天象果然发生了变化。

这件文物不仅具有极高的艺术价值,其背后也蕴涵着极大的文化价值,因此,宋公栾青铜戈是绝世瑰宝。

汉字学习

甲骨文　金文　楚系简帛　说文　秦系简牍　楷书

戈，读音 gē，象形字。甲骨文中，"戈"字的字形像一种长柄横刃的兵器，这其实就是"戈"的本义。后来，"戈"泛指兵器，如枕戈待旦；又借指战乱和战争，如干戈未息。戈是汉字部首之一，从戈的字大都和兵器、杀伤之义有关，如伐、戎、武、戒、戟、戮等等。

宋襄之仁

知识链接

宋襄之仁，意为对敌人讲仁慈是十分可笑的行为。出自《左传·僖公二十二年》。

宋公栾青铜戈的主人是宋景公，其祖上宋襄公是宋国第 20 任国君。宋襄公雄心勃勃，想继承齐桓公的霸业，与楚国争霸，一度为楚国所拘。公元前 638 年，宋襄公讨伐郑国，与救郑的楚兵战于泓水。《左传·僖公二十二年》记载："宋人既成列，楚人未既济。司马曰：'彼众我寡，及其未既济也请击之。'公曰：'不可。'既济而未成列，又以告。公曰：'未可。'既陈而后击之，宋师败绩。"

楚兵强大，宋襄公却一味讲究贵族的"仁义"，坚守战争礼仪，要待楚兵渡河并列阵后再战，结果宋师大败，宋襄公自己也受了伤，次年伤重而死。宋襄公的"仁义"被当时及后世所讥，成为千古笑柄。泓水之战中，宋襄公的惨败标志着以"成列而鼓"为主的礼义之兵退出历史舞台，以"诡诈奇谋"为主的作战方式取而代之。春秋时代贵族式战争让位于战国时期大规模的残酷血腥的兼并战争。

毛泽东曾评价宋襄公："我们不是宋襄公，不要那种蠢猪式的仁义道德。"

52. 越王勾践剑

剑为古代兵器之圣品，至尊至贵，人神咸崇。后人所说的"天下第一剑"，是对越王勾践剑的至高赞誉。

越王勾践剑1965年出土于湖北荆州的楚国贵族墓葬中。剑身刻有"钺王鸠浅，自乍用鐱"八字鸟篆铭文，经专家考证，这八个字就是"越王勾践，自作用剑"。这把剑长55.6厘米，柄长8.4厘米，宽5厘米。剑首为圆箍形，剑格正面用蓝色琉璃、背面用绿松石嵌出花纹，剑身饰菱形暗纹。铜剑制作精良，刃部含锡高，硬度大，犀利异常。经科学检测，剑脊含铜较多，剑的韧性好，不易折断；花纹处含硫高，出土时，剑拔出鞘后依然寒光凛凛，历时2000余年，竟然毫无锈蚀的痕迹。铜剑采用复合金属工艺，即通过两次浇铸使之合为一体。从中可以看到，我国在2000多年前就已经有了先进的复合金属工艺。越王勾践剑体现了当时短兵器制造的最高水平，属国家一级文物。

越王勾践剑
湖北省博物馆藏

博物馆里的大语文

汉字学习

金文　秦系简牍　楷书　楷书

践，读音jiàn，形声字。从足，戋（jiān）声。本义是踩，践踏。戋（䇦）的字形是两个戈在一起组成的。许慎《说文解字》："戋，贼（残害和伤害）也，从二戈。"这个字的含义是两个戈在一起，就会构成残杀和伤害。"戋"加上足字旁，有踩、踏、伤害、除灭之义，如践踏、践灭、践伐。

吴王夫差与越王勾践

知识链接

夫差（约前528—前473），姬姓，吴氏，春秋时期吴国末代国君，阖闾（hé lú）之子。

春秋时期诸侯争霸，齐桓公、晋文公相继建立霸业。吴王夫差不甘寂寞，北上与中原诸侯一比高下，终于也尝到了霸主的滋味。

公元前494年，夫差于夫椒之战大败越国，攻破越都（今浙江绍兴），使越国屈服，越王勾践成为其阶下囚。此后，夫差又于艾陵之战打败齐国，全歼十万齐军。公元前482年，夫差于黄池之会与中原诸侯歃血为盟。夫差执政时期，吴国连年兴师作战，造成国力空虚。此外，夫差还听信伯嚭（pǐ）的谗言，杀了忠臣伍子胥。

勾践不忘会稽（kuài jī）之耻，卧薪尝胆，国力逐渐恢复。趁夫差举全国之力赴黄池之会时，越军乘虚而入，杀死吴太子。夫差与晋争霸成功，夺得霸主地位后匆匆赶回，向勾践求和。公元前473年，越国再次兴兵，吴国被灭，夫差自刎，时年55岁。

卧薪尝胆 （张海英 绘）

　　勾践，春秋时期越国君主（前496年—前464年），春秋五霸之一。公元前496年，吴王夫差攻打越国，越王勾践成为阶下囚，在吴国扣押三年，受尽屈辱，回到越国。回国后的勾践深刻反思，把苦胆放在座位旁，坐卧之时皆可看见，吃饭时也要尝尝苦胆，提醒自己，不忘会稽之耻。后来索性把床也撤去，睡在柴草上。勾践和百姓一起耕种，其夫人带领妇女养蚕织布，吃饭不放肉，不穿有两种以上纹饰的衣服，礼贤下士，厚待宾客，救济贫苦，上下一心，雪耻灭吴。勾践听从大臣范蠡和文种的建议，实行一系列富国强兵的政策，经过十年生聚，十年教训，越国终于由弱转强。公元前473年，越王勾践率精兵灭了吴国，吴王夫差饮剑自杀，越国终于成就了自己的霸业。卧薪尝胆的故事告诉我们，失败并不重要，要敢于面对，深刻反思，忍辱负重，发愤图强。

53. 五年相邦吕不韦戈

五年相邦吕不韦戈
中国国家博物馆藏

五年相邦吕不韦戈，是秦王政五年（前242）所造兵器。通长27.6厘米，胡长16.8厘米，器援长而狭，长胡，内部三面均有刃，是战国中晚期青铜戈的典型式样。戈胡部两侧均刻铭文，正面："五年，相邦吕不韦造。诏事图、丞蕺、工寅。"背面："诏事。属邦。"铭文中的"五年"，应指秦王政五年，即公元前242年。"相邦"，即相国吕不韦。"诏事"是兵工厂厂长。"图"，为地名。"丞蕺（jí）、工寅"为督造官员与工匠。这件兵器见证了战国晚期秦国的"物勒工名"制度，即制造者要把名字刻在自己制造的器物上面。从相邦、工师、丞到一个个工匠，层层负责，任何质量问题都可以通过兵器上刻的名字追查到责任人，体现出当时手工业生产的质量管理模式。

汉字学习

| 甲骨文 | 金文 | 小篆 | 楷书 |

相，读音 xiāng 或 xiàng，会意字，最早见于甲骨文，字形就像用眼睛观察树木。这个字的本义是查看，即观察形状，加以判断。《说文解字》："相，省视也，从目从木。""相"字还有辅佐、扶助的意思。宰相、丞相，都是古代的官名。这里的"相"，读音应为 xiàng。

甲骨文　金文　楚系简帛　说文　秦系简牍　楷书

邦，读音 bāng，会意字。甲骨文从"田"，"田"上面种有树，意思是在这里植树为界。金文把"田"换成"阝"，意思是有人聚集的"城邑"。邦的本义就是邦国，是古代诸侯封国。许慎《说文解字》："邦，国也。"如我们今天说的友邦、邻邦、联邦等。相邦是先秦时期的官名，是百官中职位最高者，地位高于丞相。汉代改称相国，可能是避汉高祖刘邦之讳。

奇货可居

知识链接

奇货可居，意思是把稀有的货物囤积起来，等待高价再卖出去。常比喻凭借某种独特技能和事物谋利。成语出自《史记·吕不韦传》。

战国时期著名的商人吕不韦善于投机和囤积居奇。有一年，吕不韦到赵国都城邯郸做生意，遇见秦国在赵国做人质的子楚（本名异人），吕不韦从一个商人的角度看到了人生的机会，说"此人奇货可居。"说子楚是"奇货"，是因为子楚的父亲安国君是秦国太子，子楚有望成为秦王，何不在他落难时助他一臂之力。从此，吕不韦开始了他人生最大的一项计划，帮助子楚回国登上王位。

为此他倾尽所有，不惜一切代价，向安国君的宠妃华阳夫人送礼。他一面让子楚认华阳夫人为母亲，一面怂恿华阳夫人在安国君面前替子楚美言。吕不韦耗费了大量钱财，成批成批的珍奇宝物源源不断地送到秦国皇宫，最后连自己心爱的小妾也送了出去。吕不韦的苦心没白费，几年后子楚被接回国封为太子，继而登上了王位，成为秦庄襄王，就是秦始皇嬴政的父亲。为了报答吕不韦的鼎力相助，吕不韦当上了秦国的丞相，也获得了前所未有的声名财富和权势。

54. 秦铜弩机

秦铜弩机 1974 年出土于陕西临潼秦始皇陵兵马俑坑。铜弩机是一种强劲有力的远射武器，出现于战国早期。早期的弩机多用手力张弦，叫"擘张弩"，有效射程仅 80 米左右。以后又出现了用脚踏之力张弦的"蹶张弩"以及用腰力引弦的"腰引弩"，此时的弩机已经成为一种强劲有力的武器。专家估计，这种秦弩的射程应该能够达到 300 米，有效杀伤距离在 150 米之内。秦始皇陵兵马俑坑出土的这件铜弩机由牙、钩和悬刀组成，无郭，用铜枢安在木壁框槽中，属于"臂张弩"。它和秦兵马俑坑出土的其他兵器一样，都是秦军攻灭六国时使用的武器。

秦铜弩机

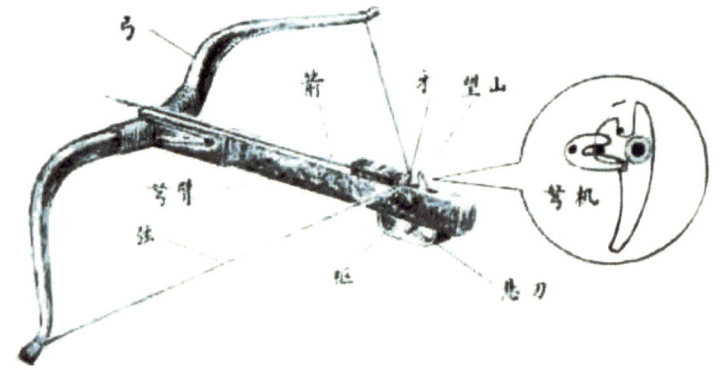

汉字学习

射，读音 shè，会意字。甲骨文和金文中，"射"字的字形都像箭在弦上，有的金文还加上了发射的一只手（寸）。"射"字的本义是用弓发箭以击中远处目标，其字形在演变过程中，变为"身"加"寸"。许慎《说文解字》："射，弓弩发于身而中于远也。"

侯，读音 hóu，象形字。甲骨文中，"侯"字的字形像张挂的射布，就是后来的箭靶子，下面是一个"矢（箭）"，更加突出射布的含义。"侯"字的本义就是箭靶子。《诗经·齐风·猗嗟》中的"终日射侯，不出正兮"，就是赞美一个少年射手箭术高超，射箭从来没有出过靶心。在古代的群居社会中，能为大家射杀野兽的人就可以成为首领，如后羿。后来，"侯"的字义引申为君王、诸侯，又特指五等爵位（公、侯、伯、子、男）的第二等。

知识链接

秦朝兵器博物馆——秦始皇陵兵马俑坑

陕西临潼秦始皇陵兵马俑坑内，曾经出土了四万多件青铜兵器。兵器数量之多，种类之齐全，工艺之精湛，保存之完整，都是前所未有的，从中所反映的秦军武器配备、兵器类别、制造工艺、管理制度等等，都是研究古代兵器难得的实物资料。

这批数量庞大的青铜兵器，堪称先秦时代主流冷兵器的缩影。秦统一中国时，强大的秦军就是凭借这些青铜铸就的金戈铜剑、强弩利矛，灭六国，统一华夏，创造了青铜古兵器最后的强音。这批兵器有助于后人更好地了解春秋战国时代青铜兵器的全貌。作为中华民族文明的缩影，它也会带领我们穿越时空，让我们去感知祖先曾经的辉煌。

55. 青铜冰鉴

青铜冰鉴
中国国家博物馆藏

　　青铜冰鉴1977年出土于湖北随州曾侯乙墓，是战国时的冰酒器，国家一级文物。冰鉴长宽均为76厘米，高63.2厘米。冰鉴由一个方鉴和一件方尊缶组成，为青铜套器。鉴身的四面和四棱上，共有八个龙形耳钮，钮尾均有小龙缠绕，还有两朵五瓣小花立于龙尾上。外层是方鉴，内置方缶，上有镂孔盖，鉴与缶之间可置冰，用来冰酒，冬天也可以灌入热水温酒。冰鉴可以说是我国最早的冰箱。整个器物上有四足兽、八龙耳、八接檐，装饰蟠螭纹、勾连云纹，异常精美。上置长柄铜勺，铸造技艺精湛，铸造过程采用失蜡、镶嵌、镂雕、浮雕等多种工艺，是不可多得的艺术珍品。这件藏品反映出当时贵族阶级钟鸣鼎食的奢华生活。

汉字学习

| 甲骨文 | 金文 | 篆文 | 隶书 | 楷书 |

冰，读音 bīng，会意字。金文字形中的"仌"表示水凝成冰后体积增大，表面变成拱形。许慎《说文解字·仌部》："仌，冻也，象水凝之形。"有的金文字形增加"水"变成 ⿱仌水。"冰"的本义就是水冷冻而凝结。"仌"后来符号化，写成"冫"，俗称"两点水"，在汉字中不单用。用"冫"做义符的字，大多与寒冷有关，如寒、冻、冬、冷、冽、凋、凝、冶、凌等。

| 金文 | 楚系简帛 | 说文 | 秦系简牍 | 楷书 |

寒，读音 hán，会意字。寒的本义就是冷。金文的"寒"字，上面是"宀"（mián），即房屋；中间是"人"，人的左右两边是四个"草"，表示很多；脚底下两横表示"冰"。寒冷是一种感觉，人们能感觉到，却看不见。于是，古人就采用上述四个场景创造出这个字：人蜷曲在室内，以草避寒，表示天气很冷。所以，金文中的"寒"字，既像一幅生动的画面，又像一个内容丰富的故事。"寒"的字义由寒冷又引申为贫困，如家境贫寒；由贫困引申为卑微，如出身寒门。

击缶而歌

知识链接

2008年奥运会击缶而歌

2008年8月8日，在北京举办的第29届夏季奥林匹克运动会开幕式上，曾经表演了"击缶而歌"，2008名演员，2008尊缶，演员击缶吟诵，场面震撼人心。这个节目源于中国古老的文化传统。真正的"击缶而歌"，其实是秦国的音乐形式。

据《史记·廉颇蔺相如列传》记载，秦王在蔺相如的威胁之下被迫击缶，"于是秦王不怿（yì，高兴），为一击缶；相如顾召赵御史书曰：'某年月日，秦王为赵王击缶'"。这个历史典故，说的是秦王羞辱赵王为秦王鼓瑟，蔺相如以死相拼，逼秦王击缶来反击，捍卫了赵国与赵王的尊严。因为秦人不善器乐，难为高雅正统之声，多以击缶为娱，这种音乐，也属于比较低俗的民间音乐。

《淮南子·精神训》也记载，"击缶"是僻壤民间的低级文娱形式。李斯《谏逐客令》有"夫击瓮叩缶，弹筝搏髀（bì）"句，形容秦国音乐文化落后。

战国以前，秦处西陲，人们文化素养比较低，常常在酒喝到半醉时，击着瓦缶，手拍着大腿，呜呜而歌。到了战国中后期，秦国引入了郑国和卫国的民乐及宫廷韶乐。所以，后来秦人以"夫击瓮叩缶，弹筝搏髀"为耻，忌讳提及此事。

56. 石鼓文

石鼓文，是中国最早的石刻文字，唐代时发现于陕西凤翔，因为文字刻在十个鼓形的石头上，故称"石鼓文"。这些石鼓高约三尺，径约二尺，分别刻有大篆四言诗一首，总计十首718字。石鼓上的字体在古文与秦篆之间，一般称为"大篆"，在书法史上起着承前启后的作用，被称为"石刻之祖"。据后代学者考证，石鼓应为秦代文物，共十块，花岗岩质。

秦石鼓文
故宫博物院藏

汉字学习

| 甲骨文 | 金文 | 战国文字 | 篆文 | 隶书 | 楷书 |

鼓，读音 gǔ，会意字。甲骨文中，"鼓"字的字形，左边的壴（zhù），是一个竖起的大鼓的样子，上面是装饰，中间是鼓面，下面是鼓的支架，右边加上"攴"（pū），表示手持棒槌击鼓。"鼓"字的本义是击鼓。古代打仗，用击鼓表示冲锋，引申为鼓舞、鼓励、鼓动。《左传·曹刿论战》："一鼓作气，再而衰，三而竭。"

命运多舛的秦石鼓

知识链接

石鼓发现于唐代初年，是当时的一个牧羊人在陕西凤翔府的陈仓山（今宝鸡石鼓山）放羊时发现的。

唐朝时，人们并不了解石鼓上的文字，但比较重视它的文物价值。安史之乱爆发后，石鼓被埋在地下，动乱平定之后又挖了出来。唐代诗人韩愈作《石鼓歌》，呼吁朝廷重视和保护。元和十三年(818)到唐朝末年，石鼓一直安然地端居在孔庙之中。到了五代时期，时局动乱，民不聊生，石鼓在混乱中不知所踪。

北宋时期，司马光的父亲司马池任凤翔知府时不遗余力，遣人四处搜寻失踪多年的石鼓。最终找到了九个，另外一个杳无音信。宋仁宗年间，有人偶然在民间发现了那个丢失的石鼓，不过，它已经被削去了顶部，中间还被凿了个洞，成为舂米的石臼，石鼓上的文字也只剩下了四个。

到了宋徽宗时期，酷爱艺术的皇帝除了对石鼓文朝夕观摩之外，还让人用金粉填满了石鼓文凹下的笔划，石鼓以金敷面，变得金碧辉煌。没想到，这种做法却给石鼓带来了更大的灾祸。金兵抢掠开封的时候，对石鼓上的金粉产生了兴趣，他们刮掉金粉的时候，石鼓上的文字再次遭殃，那些没有了金粉的石鼓再次被弃之荒野。

此后，石鼓历尽沧桑。元武宗皇庆二年(1313)，石鼓被安放在了北京孔庙大成门左右两侧。明朝对石鼓非常重视，明人《帝京景物略》开卷第一篇即为《太学石鼓》。清时，乾隆帝为防石鼓损坏丢失，将其移入皇宫，将仿制的石鼓立于国子监。

20世纪30年代，抗日战争爆发后，石鼓与其他国宝一起南迁，被运到重庆保存，抗战结束后再次运回北京。运输石鼓的汽车还先后经历了两次翻车事故，但石鼓最终平安无事。这些石鼓的原石现藏于故宫博物院。

57. 铜质建筑构件

铜质建筑构件
中国国家博物馆藏

在高堂广厦的屋檐下,它见证了秦国先君开疆拓土、永不止息的脚步。许多年过去,往日的高堂广厦早已化为历史的尘埃,唯有青铜之躯的构件,还在跨越时空,诉说着过去的故事。

铜质建筑构件1974年出土于陕西凤翔,这里曾是春秋时期大秦故都雍城的所在地。

这个构件呈曲尺形,边长41厘米,宽16厘米,两面及内侧呈"日"字形框状,外侧饰蟠螭纹,两端均有三个锯齿,用于加固木结构,也有装饰建筑的作用,主要应用于建筑木质结构的接口与转角处。在古代文献中,它被称作金釭(gāng)。

汉字学习

构	構	构
金文	楷书	楷书

构，读音 gòu，形声字。构的繁体字写作"構"。从木，冓声。"冓"在甲骨文中写作 ✕，在金文中写作 ✕。《说文解字》："冓，交积材也（木料架起，互相交接）。"与"冓"相关的字都有交接的含义。构（構）的本义是架木，搭建，如"构木为巢，以避群害"。（《韩非子·五蠹》）

钩心斗角

知识链接

"钩心斗角"，一般是指在人事关系中，怀着不正当的用心或意念，利用不正常的手段对付别人。显然，这是个贬义词。梁启超在《莅佛教总会欢迎会演说辞》中曾说："种种钩心斗角，损人利己之卑劣手段，皆由此而生。"

"钩心斗角"的本义是指建筑物结构错综，精巧工致。这一词语最早出自于唐代杜牧的《阿房宫赋》，其中写道："五步一楼，十步一阁，廊腰缦回，檐牙高啄，各抱地势，钩心斗角。"杜牧描写了阿房宫的结构，这里的建筑群参差布列，彼此回环掩抱，飞檐接连交错，宫室结构错综精密。

中国的古建筑多为木结构建筑，这种建筑以木结构为骨架，通过榫卯把木构架连接为一个整体。中国工匠还创造了斗拱结构，由纵横相叠的短木拱和斗形方木相叠而成，成为中国古建筑特有的形制。

建筑学上所说的"钩心"，就是一个整体建筑中的很多结构围绕"中心"，筑

山东曲阜孔庙建筑群的"钩心斗角"

构件之间相互牵引或钩连，结成一个整体。"斗角"就是通过斗拱结构，使屋檐和檐角外伸，形成所谓飞檐走壁，形式十分优美。因为这种结构中，诸角彼此相向，像戈相斗，因此叫作"斗角"。

在建筑学上，"钩心斗角"本来是中性词，形容建筑物的精巧和严谨，但这个词被后人用于人际关系之后，就变成了贬义词，主要是指以非正常的手段各怀鬼胎，用卑劣的手段对付别人。

58. 战国货币

战国布币
辽宁博物馆藏

战国时期，七雄各自为政，各国分别铸造自己的货币，钱的形制五花八门。从货币形状和分布上来看，大致可分为布币、刀币、圜钱和蚁鼻钱（鬼脸钱）四个基本系统。布币是从类似铲一样的农具演变而来的，流行于黄河中游三晋和两周地区，这些地区是我国古代农业发达的地区。刀币是从一种叫作"削"的生产工具演变而来的，产生和流通于齐、燕、赵等国。楚国地处长江中下游地区，除用郢（yǐng）爰（金币）外，主要流通货币是铜质仿贝，这种仿贝被称为蚁鼻钱。圜钱是在战国后期出现的，形状由生产工具纺轮演化而来，圆形方孔，轻巧便携。圜钱是货币形制的一大进步，除秦国外，中原地区也有使用。秦始皇统一后，全国统一使用秦"半两"钱——方孔圆钱，第一次实现了币制的统一。

汉字学习

甲骨文　金文　战国文字　篆文　隶书　繁体楷书　简体楷书

贝，读音 bèi，象形字。甲骨文和金文中，"贝"字的字形都像贝壳张开的样子。"贝"的本义是有壳的软体动物。古时的人们常以贝壳为货币，因此，贝又代指古代货币。"贝"也是汉字部首，用贝做义符的字，大多与钱财、宝货有关，如贯、贵、财、贫、贿、赂等。

 **管仲的货币战争**

知识链接

管仲辅佐齐桓公富国强兵，打出了"尊王攘夷"的旗帜，挟天子以伐不服。齐桓公成为春秋首霸，靠的就是一个懂经济、会管理、懂战略的好管家——管仲。另外，管仲还称得上是世界上第一个发动"货币战争"的人，这样的管仲，恐怕是大家不熟悉的。

《管子·轻重》中，记载了管仲以"货币战争"的手段打败楚国的事情。

楚国是当时的大国与强国，也是齐国霸业上的劲强对手，齐桓公为此忧心忡忡。管仲决心打一场货币战争，以此制服楚国，做法就是以高价收购楚国的活鹿。

楚王听说了这件事情，很是兴奋，命令楚国上下全力捕捉活鹿，把齐国的钱都赚过来。于是，楚国人像打了鸡血一样，无论官民，无论男女老少，全都成为猎手。老百姓放下手头的农活，漫山遍野地去捉鹿赚钱。

这个时候，管仲开始悄悄地在齐、楚两国民间收购并囤积粮食。楚国卖活鹿赚的钱比往常多了五倍，齐国收购囤积的余粮也比往常多了五倍。

于是，管仲对齐桓公说："时机到了，我们可以放心地攻打楚国了！"齐桓公不解地问："为什么？"管仲回答说："楚国钱多，粮少，一定会出现粮食短缺问题。到时候我们封锁边境就行了。"齐桓公恍然大悟，于是下令封闭齐国与楚国的边境。

果然，楚国米价疯涨，楚王派人四处买米，却都被齐国截断，逃往齐国的楚国难民急剧增多，楚国元气大伤，三年后向齐国屈服。

懂得用货币手段进行经济战，管仲恐怕是世界第一人。

战国货币使用状况图

59. 鄂君启铜节

鄂君启铜节
中国国家博物馆藏

鄂君启，字子皙，战国时期楚怀王之子。当年，他拿着免税通行证件，在楚国的规定区域内畅通无阻地进行交易。这个证件就是鄂君启铜节。

鄂君启铜节为战国时期青铜器物，1957年出土于安徽寿县。根据节上的错金铭文内容可以推定，这件器物作于公元前323年。节是水陆交通运输凭证，相当于现在的交通运输通行证。鄂君启铜节分舟节和车节两种，通行时双方各持一半，合节验证无误才可通行。车节长29.6厘米，宽7.1厘米，厚0.6厘米，弧宽8.0厘米。舟节长31厘米，宽7.2厘米，厚0.7厘米，弧宽8.0厘米。书上的铭文记载了公元前323年楚怀王发给鄂君启舟节和车节的经过，还规定了水路、陆路交通运输的路线、运载额、运输种类等。铭文中说，"得其金节则勿征""不得金节则征"，证明鄂君启享受的是国家优待的免税政策。铭文是错金的，至今熠熠生辉，美不胜收。鄂君启铜节具有重要的史料价值，是研究战国时楚国经济、地理、交通和商业赋税制度的珍贵资料。

汉字学习

金文　战国文字　篆文　隶书　繁体楷书　简体楷书

节，读音 jié，形声字。从竹，即声，本义是竹节，泛指植物分支长叶的地方。竹节像是对竹子缠束、制约，所以古代用来做凭证，证明身份的东西也被称为符节。《汉书·苏武传》中说："苏武杖汉节牧羊，起卧操持，节旄尽落。"（苏武拄着汉朝的符节牧羊，起卧时都拿着，以致系在节上的牦牛尾毛全部脱尽。）

楚怀王的悲喜剧

知识链接

楚怀王熊槐（约前355—前296），是楚威王之子，楚顷襄王之父，战国时期楚国国君。

熊槐即位之初，颇具雄心壮志，意欲图强。他破格任用屈原等人进行改革，大败魏国，结盟齐国，消灭越国，开疆拓土。纵横家苏秦曾言，"纵合则楚王，横成则秦帝"。此时的楚国在国势达上到了顶峰，在战国七雄中，国土面积最大，人口最多，军队最强，与齐、秦并列为三大强国。公元前318年，韩赵魏燕等国公推楚怀王为纵长，合纵攻秦。楚怀王声名大噪，俨然成为诸侯霸主，事业与声望似已登峰造极。

博物馆里的大语文

然而，好景不长。在位后期，楚怀王误用佞臣子椒、子兰、靳尚等，宠爱夫人郑袖，排斥屈原，致使国事日非，改革最终失败。

当时的形势异常复杂，楚国的内政外交都已经一塌糊涂。齐楚两国原本是结盟关系，但公元前312年，秦国张仪以欺诈手段，骗得楚怀王与齐国断交。楚怀王中计后，秦国背弃割让六百里商於之地的许诺，楚国最终得到的地只有六里。怀王恼羞成怒，发兵攻打秦国，结果大败于丹阳，再次进攻，又惨败于蓝田。秦国反攻，楚三战皆败。此时，韩、魏、齐三国又落井下石，趁机侵占楚国在中原的领土，楚国的大国地位瓦解，从此走向没落。

公元前299年，楚怀王轻信秦国，与秦昭襄王会盟于武关，结果被秦国扣押，胁逼割地。楚怀王拒不割地，一直被扣留在秦国，最后客死他乡。

楚怀王的悲喜剧，与他对大势认识不清、用人不当、治国理政缺乏理性与智慧有关，同时也与楚国国家制度的弊端以及统治阶层的腐化有关。

展翅攫蛇鹰

60. 战国漆耳杯

战国漆耳杯
湖北省博物馆藏

战国漆耳杯1978年出土于湖北随州曾侯乙墓。这件木胎漆耳杯高4.2厘米，口长14.6厘米，宽11厘米，外髹黑漆，内髹朱漆，边缘及双耳绘云纹。曾侯乙墓是诸侯之墓，随葬漆器的工艺非常精美。耳杯是战国时期流行的一种饮食器，椭圆形带双耳，造型独特时尚。

战国时期，漆器手工业得到极大的发展，当时生产的漆器种类丰富，色彩艳丽，工艺先进，深受人们的喜爱，因此逐渐应用到社会生活的各个方面。战国漆器的胎骨包括木胎、夹胎和竹胎三种，木胎占绝大多数，其制法有斫制、旋制、卷制和雕刻四种。在用色上，耳杯用黑色与朱黄两色相配，隐含了中国传统的"天玄地黄"的观念，给人一种幽深沉静的美感。在纹饰绘制上，耳杯上的人物、禽兽、虫鱼、龙凤等形象，均以充满韵律的流动线条来描绘，充分展现了运动的节奏和力量。战国漆器工艺体现的审美情趣和艺术表现，对后世中国艺术的发展有着深远的影响。

汉字学习

说文　小篆　康熙字　楷书

　　漆，读音 qī，象形兼会意字。小篆中"黍"字的字形像树皮被剥开有水滴流下来的样子，所以，这个字的本义就是漆汁。许慎《说文解字》："黍，木汁，可以髹（qī）物。象形。黍如水滴而下。"能流出漆汁的树叫漆树。我国使用天然漆已有数千年的历史，《尚书·禹贡》中所说的"厥贡漆丝"，即进贡漆与丝。《诗经·鄘风·定之方中》有这样的诗句："树之榛栗，椅桐梓漆。"大意是：栽上榛树和栗树，又植椅桐梓漆各种树。

羽觞与"曲水流觞"

知识链接

　　羽觞（shāng）是耳杯的雅称，耳杯是羽觞的俗称。羽觞出现于战国时期，一直延用至魏晋，其后逐渐消失。

　　自羽觞问世以来，觞既是羽觞的简称，又成为所有酒杯的通称。所以，古人把行酒叫"行觞"，称酒政为"觞政"。三国曹植的《七启》中有这样的词句："盛以翠樽，酌以雕觞，浮蚁鼎沸，酷烈馨香。"李白《留别曹南群官之江南》诗曰："愁为万里别，复此一衔觞。"这里的觞可能指羽觞，因为当时流行羽觞。欧阳修《浣溪沙·灯烬垂花月似霜》词云："双手舞余拖翠袖，一声歌已醮（jiào）金觞。"这里的金觞，指的恐怕不再是羽觞，而是泛指酒杯，因为宋代已无羽觞。

　　在近年来的考古活动中，发现过许多不同的羽觞，包括漆、铜、金、银、玉、陶等材质。漆、铜、金羽觞多是实用的酒器，陶羽觞则是一种随葬用的明器。

　　《诗经》中曾有对先秦贵族们举行"因流水以泛酒""羽觞随流波"的饮酒活动的描述，这种活动后来发展成为文人墨客诗酒唱酬的一种雅事。夏历的三月上巳日，人们举行祓禊（fú xì）仪式之后，大家坐在河渠两旁，在上流放置斟满酒的羽觞，酒杯顺流而下，停在谁的面前，谁就取杯饮酒，意为除去灾祸与不吉，这种活动被称为"曲水流觞"。

博物馆里的大语文

61. 曾侯乙编钟

曾侯乙编钟
湖北博物馆藏

编钟是中国古代的大型打击乐器，兴起于西周，盛于春秋战国至秦汉。中国是制造和使用乐钟最早的国家。

曾侯乙编钟 1978 年出土于湖北随州，属战国早期文物，被列入中国首批禁止出国（境）展览文物。这套编钟是由 65 件青铜编钟组成的庞大乐器，其音域跨五个半八度，并且具有十二个半音。它不仅体现了高超的铸造技术和良好的音乐性能，而且改写了世界音乐史，被中外专家、学者誉为稀世珍宝。

曾侯乙编钟用青铜铸成，大小不同的扁圆钟按照音调高低的次序排列，悬挂在一个巨大的钟架上，用丁字形木锤和长形木棒分别敲打铜钟，能发出不同的乐音，因为每个钟的音调不同，按照音谱敲打，可以演奏出美妙的乐曲。

曾侯乙编是古代人民智慧的结晶，代表了中国先秦礼乐文明与青铜器铸造技术的最高成就。

汉字学习

说文　小篆　康熙字　楷书

甬，读音 yǒng，金文字形像钟，下面是钟体，上面是钟钮。本义是钟柄，后来又表示通道。甬钟的外形有两大特点，一是表面有凸起的乳钉，二是内部为空。当"甬"在汉字中作为构件组字时，一般都表示"凸起"和"中空"两层含义，如涌、痛、捅、通、筩。

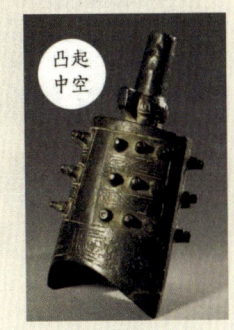

金声玉振

知识链接

2008年北京奥运会的颁奖音乐被称作"金玉齐声"，由古编钟和玉磬的声音交融产生，以形成"金声玉振"的宏大效果，与北京奥运会奖牌"金玉良缘"的设计理念一致。编钟所用的音乐是曾侯乙古编钟原声，来自湖北省声像博物馆，与编钟相和的玉磬，也是用湖北采集的玉石制成的。

"金声玉振"出自《孟子·万章下》："孔子之谓集大成。集大成者，金声而玉振之也。"

编钟和编磬是大型组合乐器，在古代多用于宫廷，每逢征战、朝见或祭祀等活动时都要演奏，于是，乐也成为礼的重要组成部分。曾侯乙墓编钟和编磬的出土，曾经让世界考古学界感到震惊，因为这些出现于两千多年前的精美乐器与恢宏的乐队，在世界文化史上是极为罕见的。

62. 青铜车辖軎

青铜车辖軎
河北省博物馆藏

战国青铜车辖軎（wèi），出土于河北平山中山国成公墓。軎高7.2厘米，沿口径5.6厘米，筒内径1.5厘米，直圆筒形，直口折沿，沿下有一辖孔，并有一周凸出的筒壁，外饰云雷纹，筒壁由此向一端渐细，壁面饰卷云纹，至上中部在侧壁立一长方形耳，另侧壁立一螭首钩，外顶端透空。辖軎是两个不同构件的组合名称。圆柱形的为軎，扁长形构件为辖，俗称"销子"。軎上有孔，用以穿辖。辖軎需配套使用，在使用时，将辖插入方孔内，穿过軎与车轴，将轴与軎销为一体，可以防止车轮脱落。

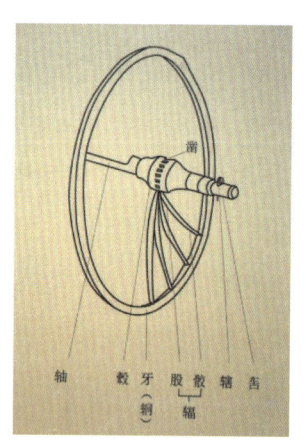

车轮结构示意图

汉字学习

辖	輨	轄	轄	辖
	篆文	隶书	繁体楷书	简体楷书

辖，读音 xiá，形声字。指安装在车轴末端的挡铁。使用时，将辖插入方孔内，穿过軎与车轴，将轴与軎锁为一体，用来防止车轮脱落。辖上有一长方孔，穿入皮条，可以防止辖的脱落，由此可见辖的重要性。辖是可以拔下来的，没有了辖，车就不能行驶，辖脱则軎脱，軎脱则轴脱。今天我们所说的"管辖""辖制""辖区"等词汇，都包含着管束的意思，这就是"辖"字本义的延伸。

知识链接

先秦时期的车马

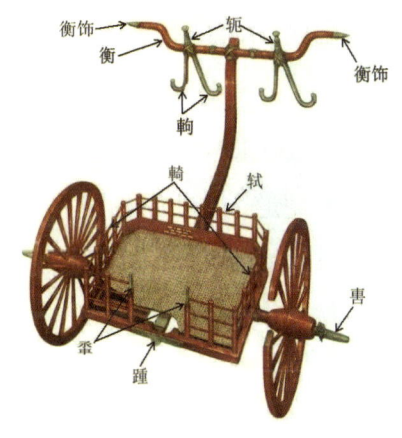

先秦时期，只有贵族阶级出行能够享用车马，另外，这一时期作战也使用战车。古人常把车马(马车)并称。史书记载，天子架六（乘坐六匹马拉的车），诸侯卿同驾四，大夫驾三，士驾一。古代驾车又称御车（御马）。周朝的贵族教育要求学生掌握六艺，即礼、乐、射、御、书、数，这里面就包含了"御"的技艺。

古代驾二马为骈（pián），驾三马为骖（cān)，驾四马为驷（sì）。《论语·季氏》中说："齐景公有马千驷。"这不是说他有四千匹马，而是说他有一千乘车。

古代马车的车厢叫舆（yú），乘车人是站在车舆里的，叫作"立乘"。舆前的横木可以当扶手，叫作式（轼），所以过去把赶车的人叫"车把式"。

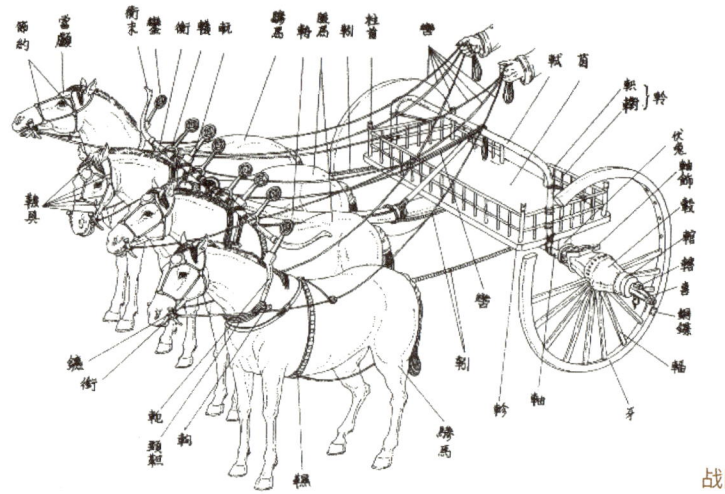

战国车马示意图

马车车轮的边框叫辋（wǎng），车轮中心部分有孔的圆木叫毂（gǔ），可以插轴。连接辋和毂的木条叫辐。《老子》说："三十辐共一毂。"四周的辐条向车毂集中，叫作"辐辏（còu）"，后来，辐辏引申为从各方聚集的意思，即"四方辐辏"。

车轴上面载着车舆，两端套上车轮。车轮需要固定，所以，要在车轴最外端套上车軎（wèi），辖軎配套使用，防止车轮脱落。两轮之间的距离叫轨，后引申为两轮在泥道上压出来的痕迹，又叫辙。"车同轨"就是指车轮之间的距离规定了统一尺寸。

车辕是马车的杠，后端和车轴相连。辕和辀（zhōu）是同义词。车辕前端架在马脖子上横木叫作衡。轭（è）是架在马脖子上的曲木，引申义是束缚，控制。

为驾驭马匹，要给马带上马衔（俗称马嚼子），衔卡入马嘴中，马嚼子两端露出嘴外的部分叫镳（biāo），辔（pèi）绳系在镳外的环中。驭马时，扬辔绳通过镳和衔将信息传达给马，这样，马才能听从指挥。这就是"扬镳"一词的出处，后来由此引申出成语"分道扬镳"。

古代的车没有制动装置，为了防止车轮滑动，人们停车后会用木头挡住车轮，这个木头就叫轫。行车时先要把轫移开，所以，启程被称为"发轫"，由此引申开来，事情的开端也称为"发轫"。

188 博物馆里的大语文

63. 陶信完封泥

陶信完封泥
河北博物馆藏

封泥封缄示意图

在现代，重要的书信文件大多加盖印章，以表明签署者的身份，并用胶水封口或骑缝签章等手段确保私密。那么，古人使用的竹简信函文书是如何保密的呢？

古人封缄（jiān）竹简文书时，会将绳端或绳子的交叉结扎处放入挖有方槽的"检木"，封以粘土，盖上印章，作为信验，以防私拆。那些遗存下来的盖有印章的泥块即是封泥。

信完封泥是中山国官私信函文书封缄的实物遗存，出土于河北石家庄战国中山国灵寿城遗址。封泥用夹砂灰陶制成，呈不规则半圆形，高1.9厘米，外长径3.1厘米，外横径2.6厘米，印面较平，印面中间有阴文"信完"二字。

信完封泥只是一般用于封缄的封泥，不属于姓名或地名之印。据吴振武先生研究："战国封泥是十分罕见的，见于著录的一共也只有十余方，而且出土地点不明确，存世的实物更是凤毛麟角。灵寿城遗址出土的这批信完封泥可以和传世品相印证，这在战国玺印研究方面无疑是有重要意义的。"从这个意义上来说，中山国信完封泥是具有珍贵史料价值的文物。

汉字学习

甲骨文　篆文　隶书　楷书

信，读音 xìn，会意字。信由"人"和"言"构成，《说文解字》中出现的古字形由"人"和"口"构成。"信"的本义是言语真实。《老子·八十一章》："信言不美，美言不信。"后引申为讲信用，相信，或指送信的人。书信是后起的意义。

甲骨文　金文　小篆　康熙字　楷书

封，读音 fēng，会意字。金文中，"封"字的字形像是用手把树种植于土堆之上。"封"的本义就是植树确定边界，后引申为疆界和田界。由疆界又引申为局限、密闭，如封闭、密封、封锁。成语"故步自封"，意思就是守着老一套的规矩，把自己限制在一定的范围内，不求进步。

 **神秘的中山国**

知识链接

提起齐、楚、燕、韩、赵、魏、秦"战国七雄"，人尽皆知，但战国时期的另一个强国——中山国却常常被历史冷落。两千多年后的一次考古发掘，揭开了古中山国的神秘面纱，中山国的真容得以慢慢浮现。

中山国为什么叫"中山国"?

中山国位居燕赵之间(今河北中部太行山东麓一带),其都城在灵寿县,因都城中有山而得名中山国。中山国的得名还有一个原因,那就是中山国对于山的崇拜。1978年,在河北平山中山国墓葬的1号和6号王墓中,共出土了11件山字形青铜礼器,这些礼器立于木柱之上,排列在帐前,象征着中山国王的权威。

中山国属于中原华夏族还是游牧民族政权?

许多史学家认为,战国初中山国的创立者中山武公,是白狄族的后裔,初名鲜虞,中山国是游牧民族狄族鲜虞部落建立的国家政权。

中山国独有的山字形礼器

中山国为什么兼具中原和游牧文化的特征?

作为游牧民族后裔建立的国家,中山国的文化自然具有游牧文化特征。但中山国积极融入中原文化,通过与华夏族通婚,将王族变为了姬姓。中山人告别游牧生活,开始定居和农耕,并且使用青铜礼器,其青铜铭文也采用篆文。中山国墓葬的出土文物,见证了中山国青铜器物的华丽与精致。古中山国在服饰、文化、习俗上,与中原诸国已无太大差别,从文化角度来说,中山国已成为华夏民族大家庭的一部分。

为什么中国历史典籍鲜有中山国的记载?

中山国一度国力强盛,曾打败赵国和燕国,成为"战国七雄"之外的"第八雄",甚至还修筑过长城。公元前296年,中山国被赵国灭亡,从此湮没无闻。为什么中山国会神秘地从历史中"消失"呢?

中山国自己的历史记载缺失,并没有留下太多的文字资料,这使得它长期以来默默无闻。再加上其所谓的"夷狄之国"身份,后世史学家也将中山文化与华夏文化分成两个系统来看待,其历史入不了正统,所以,古中山国尽管有过辉煌的历史,却在后世史籍中较少记述。

64. 矢箙

矢箙

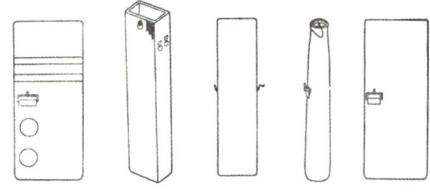

矢箙复原示意图

矢箙（fú）就是箭袋。河北平山的中山王墓曾经出土了很多装箭的袋子，共计五种样式，整体形状和配件的安置各有不同，材质为革制或木制。

汉字学习

甲骨文　金文　战国文字　篆文　隶书　繁体楷书　简体楷书

备，读音 bèi，会意字。甲骨文中，"备"字的字形就像箭插入盛箭的器物中，旁边还站着一个人，意思是人把箭提前备好，也就是小心谨慎。"备"字的本义是谨慎，后引申为预备、防备、准备，如"有备无患"，再引申为置备、齐备、完备，如"德才兼备"。

胡服骑射

知识链接

战国时期的赵武灵王"胡服骑射"，代表了华夏民族善于学习的博大胸怀以及开放包容的文化特质。

赵武灵王，名雍，嬴姓赵氏，公元前 326 年即位，死后谥号武灵。战国中后期，赵国国势衰微，强敌环伺。在兼并战争中，赵国常常损兵折将，国都邯郸都曾被魏国攻占。赵国的形势危如累卵，再不图强就会被别国兼并。在地理位置上，赵国北部边境同东胡、匈奴、林胡、楼烦等游牧民族接壤。这些民族都长于骑射，常以骑兵进犯赵国边境。赵武灵王发现这些游牧民族在军事与服饰方面有一些特别的长处，为了富国强兵，赵武灵王提出"着胡服""习骑射"的主张，决心取胡人之长补中原之短。

公元前 307 年，赵武灵王开始进行"胡服骑射"军事改革。这场改革的中心内容，就是学习北方游牧民族的军事技术，即骑兵作战。为配合骑马作战，军队的服饰也需要进行改革。杨宽先生在《战国史》中谈到："（赵武灵王）命令军队

博物馆里的大语文

赵武灵王胡服骑射雕像

采用胡人服饰，改穿短装，束皮带，用带钩，戴着插有貂尾或鸟羽的武冠，穿皮靴，藉由发展骑兵，训练马上射箭的作战技术。"这场变革涉及到作战方式由车战到骑兵作战的转变，服饰由华夏传统到胡服的转变，思想观念由"贱夷狄"到学习"夷狄"的转变，所以，它并不只是穿上胡服、学习一下骑马射箭那么简单，这是一场全方位的社会革命。

  赵武灵王力挽狂澜的"胡服骑射"改革，使得戎狄环伺的赵国迅速崛起为军事强国。最终，赵国征服中山国，在林胡、楼烦等三胡胡地"拓地千里"，获得了大量土地、人口、马匹等战略资源。

  在更加宏大的历史背景下看，在农耕文明和游牧部落竞争逐鹿的大格局中，在战国以来华夏军事发展的大脉络和民族融合的视野下，"胡服骑射"更是具有深远的历史意义。

65. 匈奴王冠

匈奴王冠
内蒙古博物院藏

匈奴王冠 1972 年出土于内蒙古鄂尔多斯。这件王冠由鹰型冠顶饰和金冠带两部分组成。冠顶高 7.3 厘米，冠带长 30 厘米，周长 60 厘米，总重 1394 克。冠顶下部由纯金打制錾刻成半圆球体状，表面錾刻四狼咬羊的浮雕图案。半球顶端立展翅金雄鹰，鹰头颈由两块绿松石磨制，双眼用金片镶嵌，头颈可以自由地左右转动，整个冠饰构成了雄鹰俯视群狼咬食绵羊的画面。

金冠带由黄金铸造而成，冠带前部有上下两条，每条的两端分别做成卧虎、盘角羊和卧马的浮雕图案，其他主体部分饰绳索纹。

匈奴王冠是迄今发现的唯一的匈奴酋长金冠饰，充满浓郁的草原气息，表现了匈奴族勇猛强悍的性格以及对英武善猎的崇拜，同时，这件王冠也代表了战国时期我国北方民族金属制造工艺的最高水平，因此有"草原瑰宝"之誉。

汉字学习

篆文　隶书　楷书

冠，读音 guān 或 guàn，会意字。篆文字形为"冖"（帽子），从"元"（人头），从"寸"（手），意思是用手把帽子戴在头上。"冠"字的本义是帽子。像帽子或者处于顶部的东西，也常被比喻为冠，如鸡冠，树冠。帽子戴在头上，处于人体最高处，故引申为第一位、第一名等。

甲骨文　金文　小篆　康熙字　楷书

寇，读音 kòu，会意字。金文中，"寇"字的上面是宀（mián）表示房屋，从攴（pū），表示持棍击打，从元，突出了人的头部形象，意思是手持棍棒在屋中向人行凶。"寇"字的本义是劫掠、入侵，引申指盗匪。

匈奴

知识链接

匈奴歌

失我焉支山，令我妇女无颜色。

失我祁连山，使我六畜不蕃息。

这是汉代匈奴人创作的一首歌谣，唱出了匈奴人失去家园的哀痛，也唱出了匈奴人仓皇逃遁的绝望。

匈奴是古代蒙古高原的游牧民族。据《史记·匈奴列传》中记载，匈奴族的先祖是夏后氏之后裔，华夏族称之为山戎、猃狁(xiǎn yǔn)、荤粥（xūn yù)、匈奴。他们迁居北疆，过着逐水草而居的游牧生活。《晋书·北狄传》曰："匈奴之类，总谓之北狄……夏曰荤鬻，殷曰鬼方，周曰猃狁，汉曰匈奴。"匈奴在秦末汉初成为称雄北方草原的强大民族，还建立了中国历史记载的第一个草原王国——匈奴王国。

匈奴兴起于公元前3世纪(战国时期)，衰落于公元1世纪(东汉初)。他们的骑兵纵横大漠南北近300年，将匈奴之名永远刻在了中国乃至世界历史的丰碑上。

匈奴代表的游牧文明与中原的农耕文明之间发生过数不清的冲突，同时，这两种文明又不断交汇融合，深深地影响了中华文明的走向。

秦始皇统一六国后，匈奴被蒙恬逐出河套及河西走廊地区。西汉前期，匈奴再次强大，屡次犯边，而且控制了西域，对汉政权构成强大威胁。汉武帝曾发动大规模的针对匈奴的战争，匈奴败退漠北。东汉再败匈奴，解除了匈奴对汉政权的威胁。此后，南匈奴南迁，逐步与汉族及其他民族融合；北匈奴西迁，进入中亚和欧洲。

66. 双兽三轮盘

双兽三轮盘属于春秋晚期青铜器，1957年出土于江苏常州。这件三轮盘为盥洗器，由盘、三轮和双兽组成。通高15.8厘米，上为一盘，盘下三轮，可拖行，前轮以两兽头为饰，形状奇特。三轮盘的两只龙形兽体，头部特征鲜明，有眼、嘴和飞翅，颈部有鱼鳞纹，背部有羽翅，背部下端有尾翼，专家认为，这一造型就是史书中记载的双龙负舟。

双兽三轮盘
中国国家博物馆藏

汉字学习

| 甲骨文 | 金文 | 篆文 | 隶书 | 楷书 |

盥，读音 guàn，会意字。甲骨文中，"盥"字的字形是手放在器皿里，金文中加上了水，表示在盆上承接流水洗手，这个字的本义就是洗手，用作名词时，指洗手的器皿。有时，洗手间也被写作"盥洗室"。

知识链接

盥洗礼

中国号称"礼仪之邦",在西周时期,便已形成了一套完整的礼乐文化理论,制定了《周礼》《仪礼》和《礼记》组成的"三礼"制度,形成了一系列社会交往的行为规范。

"盥洗礼"是周礼的一部分。周礼庄严肃穆,仪式感很强,仪式开始时,需要进行盥洗。盥洗之目的是祛除身体上的污垢,涤荡心中杂念。盥洗仪式表达的是对神灵、祖先、逝者或长辈的敬重,同时也表明自己要摒弃杂念,专心仪式。

"盥洗"这个仪式很简单,但也是一种正规的礼仪。周代的"盥洗"礼仪有一套独特的流程和要求。

"盥洗礼"广泛应用于祭祀、婚丧仪式及冠礼之中,主要包括进盥、沃盥、盥卒受巾等步骤,在不同的礼仪中有不同的含义,如在婚礼中表示长幼尊卑之别,在丧礼中表达对逝者的敬意,在冠礼中则寄托对走向成年的年轻人的祝福。

郑匜(yí)
宝鸡青铜博物院藏

67. 牺尊

牺尊
上海博物馆藏

俗话说，牵牛要牵牛鼻子。牺尊的牛鼻上穿有一环，说明在春秋时期，人们已经使用穿鼻的方法来驯牛。这件文物是研究中国牲畜驯化史的宝贵的实物资料。

牺尊出土于山西大同，属春秋晚期文物。尊高33.7厘米，长58.7厘米，重10.76千克。这件牺尊的外形为站立的水牛，牛腹中空，牛颈和背脊上有三孔，中间的孔套中，有一个可以取出的锅形器。这是一件温酒器，牛背上的锅形器可以盛酒，空穴注水装于尊腹可用来温酒。牺尊纹饰精美，牛的首、颈、身、腿等部位，都有龙蛇纹和兽面纹装饰，其纹饰是印模压出的花纹。

汉字学习

 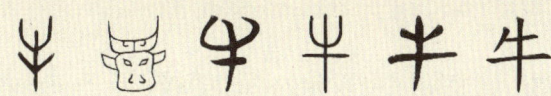

甲骨文　金文　楚系简帛　说文　秦系简牍　楷书

牛，读音 niú，象形字。甲骨文中"牛"字的字形，像是正面的牛头形象。这个字的本义是指作为大型哺乳动物的牛。因为牛性情执拗，因此，"牛"字也用来形容人的固执、倔强和高傲。如"牛脾气""牛气"等。"牛"也是汉字的偏旁，凡是从牛取义的汉字都和牛或动物有关，如牺牲、特、解、牢、牧等。

　犧　犧　牺

说文　繁体楷书　简体楷书

牺，读音 xī，形声字，繁体字写作"犧"。"牺"是古代做祭品用的毛色纯一的牲畜。"牲"是古代祭祀用的全牛，后泛指供祭祀或宴享用的牛、羊、猪或兽类。"牺牲"的含义，在古代和现代差别比较大，古代主要指祭祀用的牲畜，现在的含义则是为了正义的目的舍弃自己的生命和利益。

太牢和少牢

知识链接

在西周时期，贵族阶层可以分为四个等级：天子——诸侯——卿大夫——士。为了区分他们的等级，西周用政治生活及衣食住行中"礼"的规定，来表明贵族不同的社会地位，如祭祀用的肉就是分成不同等级的。

《礼记·曲礼下》记载："凡祭……天子以牺牛，诸侯以肥牛，大夫以索牛，士以羊、豕。""牺牛"是指纯色的全牛，"肥牛"指长得肥壮的牛，"索牛"是经过简单挑选过的牛。为了掌管国家的牛在祭祀、军事等方面的用途，周代设有"牛人"一职，汉以后曾发展为专事养牛的行政设置。由于祭祀者和祭祀对象不同，牺牲的规格也有区别。古代帝王祭祀社稷，牛、羊、豕（shǐ，猪）三牲全备，称为"太牢"。

诸侯、卿大夫祭祀宗庙，用羊、豕各一者，叫作"少牢"。在祭品的规格中，"少牢"低于"太牢"。

错金银云纹犀尊
中国国家博物馆藏

68. 秦石甲胄

收藏于秦始皇帝陵博物院的秦石甲胄，1998年出土于秦始皇陵石铠甲坑。这些铠甲和甲胄形态精美，制作工艺高超，是秦代的石器珍品。不过，它们并不是实战装备，而是根据"事死如事生"的观念，为秦始皇陪葬的明器。

秦石甲胄分为石铠甲和石胄，石铠甲通长75厘米，出土的甲片共有612片；石胄通高31.50厘米，出土的胄片共有72片。秦石甲胄的材料为青灰色岩溶性石灰石，质地细密，色泽均匀，经过磨制和钻孔，以青铜丝串系。

秦石甲胄制作精致，且规格、形制、编缀方法都与实用甲胄一样，展示出秦代军人防护装备的状况。它的出土，为研究秦代甲胄提供了翔实的资料，弥补了文献记载的缺失，具有重要的史料价值和科学价值。

秦石甲胄
秦始皇帝陵博物院藏

汉字学习

小篆　　康熙字　　楷书

兜，读音 dōu，象形字。小篆中，"兜"字的字形就像人的头上戴着起保护作用的头盔。许慎《说文解字》："兜，兜鍪（dōu móu），首铠也（头部铠甲）。"字义后来由此引申，指代士兵。辛弃疾《南乡子·登京口北固亭有怀》中的"年少万兜鍪，坐断东南战未休"，写的就是孙权年少英雄，统领百万军队独霸东南的史实。

金文　　小篆　　小篆　　康熙字　　楷书

胄，读音 zhòu，会意字。"胄"字有两个来源，一个是金文，会意，下面是目，表示头，上面是盔形，中间是冒，意思是戴在头部的东西。小篆写作，本义是指作战时保护头部的头盔，也叫兜鍪。"胄"字的另一个来源是小篆，下面是"肉"，指古代帝王或贵族的后代。《三国志·蜀书·诸葛亮传》："将军既（既然）帝室之胄。"隶变后也写作"胄"。

胄的名称变化

知识链接

商代兽面纹青铜胄

西周早期铜胄

元代多种制式头盔

胄,也叫"盔"和"兜鍪",是古代作战时的头部防护装具,在不同的时期有不同的称谓。商代和西周时期的胄,多以青铜和皮革材质制成,所以先秦时多称为"胄"。战国时期冶铁业发达,铁替代铜,成为护头用具的主要材料,制造方法也改为小片串连成形,形状很像当时的饭锅——鍪(móu),故称"兜鍪"。直到宋代,头部的防护装具仍被称为兜鍪。宋·洪迈《夷坚丙志·牛疫鬼》:"(牧童)见壮夫数辈,皆披五花甲,著红兜鍪,突而入。"元明时使用"盔"的名称,并将护体的铠甲与之连称为"盔甲",这一名称一直沿用至近代,"兜鍪"之名逐渐被世人遗忘。

69. 秦跪射俑

秦跪射俑出土于秦始皇陵兵马俑二号坑,是已出土的陶俑中保存最完好的精品。

跪射俑的形体比例同真人大小,高120厘米,重130千克。陶俑身穿战袍,外披铠甲,衣纹和铠甲伴随体态的变化而曲转。头顶左侧绾(wǎn)一发髻,左腿曲蹲,右膝着地,双手置于身体右侧,作握弓弩待发射状。这件跪射俑在塑造上比一般的陶俑更加精细,表情、神态、发髻、甲片、履底等细节刻画得生动传神。

跪射俑表情严峻,双目炯炯有神,凝视前方,秦士兵的坚毅和英气跃然可见,颇显秦始皇统一六国的霸业和威风。除了神情之外,跪射武士俑的塑造细节也让人惊叹不已:跪射俑的发丝清晰可见,发髻下面还有两条纵横的发辫,显得亲切可爱;翘起的鞋底上还有疏密不一的针脚。

这件陶俑雕塑手法高度写真,是艺术源于生活的真实写照。它通过细节真实地再现了秦军作战的情景。

秦跪射俑
秦始皇帝陵博物院藏

跪射俑出土于秦陵二号坑的弩兵方阵内。跪射姿态又称坐姿,与立姿同为射击的两种基本动作。秦跪射俑及立射俑,再现了秦军科学的军力配置,对研究秦国弩兵的作战与布阵具有十分重要的意义。

汉字学习

| 甲骨文 | 金文 | 战国文字 | 篆文 | 隶书 | 楷书 |

兵，读音 bīng，会意字。甲骨文中"兵"字的字形，上面是"斤（斧子）"，下面是"廾"（gǒng，双手），看上去就像用手拿着斧头一类的兵器。"兵"字的本义是兵器，武器。《诗经·秦风·无衣》："修我甲（铠甲）兵。"后引申为拿武器的士兵，如"草木皆兵"。后引申为军事、战争，如"纸上谈兵"。

篆文　楷书

俑，读音 yǒng，形声字。小篆中的"俑"字由"人""甬"两字构成，这个字的本义是指古代殉葬用的木偶人和陶人。商朝时期，以活人殉葬之风盛行，周朝时废除人殉，改用木俑和陶俑。因为人俑在神态上极其像真人，用来殉葬，同样不符合仁爱之道，所以孔子说"始作俑者，其无后乎"。

知识链接

秦始皇的求仙梦和他的地下宫殿

秦始皇（前259—前210），嬴姓，赵氏，名政（一说名"正"），秦庄襄王之子。十三岁即位，二十二岁亲政，用十年（前230—前221）时间先后灭亡韩、赵、魏、楚、燕、齐六国，三十九岁完成统一大业，建立了中国历史上第一个中央集权的强大王朝——秦朝。秦始皇迷信封禅，在祈祷天神护佑其帝王基业的同时，还滋生出另一种强烈的欲望，这就是长生不老，因此，他到处求仙，求不死药。秦始皇第一次巡游至琅邪（láng yá）时，燕齐之地的方士们闻风而动，"言海中有三神山，名曰蓬莱、方丈、瀛洲，仙人居之。请得斋戒，与童男女求之"。方士的上书正合秦始皇的求仙心愿，从此，他便与徐福等方士结下不解之缘。秦始皇派徐福率领童男童女数千人，携带足够用上三年的粮食、衣履、药品及耕具入海求仙。此举耗资巨大，但徐福还是没有找到神山。秦始皇三十七年（前210），始皇帝再次要求徐福出海寻找仙山，徐福推托说在海上碰到巨大的鲛鱼，无法远航，要求增派射手对付鲛鱼，秦始皇应允。射手射杀了一条大鱼后，徐福再度率众出海。这次出海，徐福来到了"平原广泽"（可能是日本九州岛）。这里气候温暖，风光明媚，百姓友善，于是，徐福自己留了下来，在这里自立为王，教当地人农耕、捕鱼和捕鲸的方法，此后再也没有返回中国。还有一种说法认为，徐福死于大海之中。秦始皇没有见到神仙，在第五次东巡途中，死在了沙丘宫（位于今河北邢台一带）。

秦始皇登上王位那一年，就开始修建王陵，一直修造了39年，临死之际尚未竣工。二世皇帝胡亥继位后，又修建了一年多，王陵才基本完工。陵墓的设计者是丞相李斯，监工是少府令章邯。为了修建陵墓，秦国共征集了72万人力。《史记》记载："穿三泉，下铜而致椁，宫观百官，奇器异怪徙藏满之。以水银为百川江河大海，机相灌输。上具天文，下具地理，以人鱼膏为烛，度不灭者久之。"秦始皇陵墓建筑的核心部分就是地下宫殿，这个宫殿位于封土堆之下。经过考古发掘，人们发现，秦始皇陵的地宫面积约18万平方米，中心点的深度约30米。

秦始皇帝陵外景

秦始皇把生前的荣华富贵以及他的梦想、他的千军万马、他的山河，都带到了这个地下世界，耗费空前的时间和人力物力，完成了这座举世闻名的地下皇陵。

秦始皇陵南依骊山，北临渭水。骊山海拔1000米左右，断层错落，山峦与沟壑相间，构成了一条条南北走向的山谷及一道道河流，秦始皇帝陵就位于骊山北麓由河流形成的洪积扇上。

秦始皇为什么要将自己安葬在骊山之阿（ē）呢？北魏地理学家郦道元解释说："秦始皇大兴厚葬，营建冢圹于骊戎之山，一名蓝田，其阴多金，其阳多美玉，始皇贪其美名，因而葬焉。"郦道元的观点得到了学术界多数学者的肯定。秦始皇陵封冢被群山包围，与骊山完美融合。陵园北临渭水，另外，经人工改造的鱼池水，由西北流入，绕秦始皇陵东北而过，因此，这座皇陵是"依山傍水"造陵的典范。

70. 秦铜权

秦铜权
秦始皇帝陵博物院藏

秦铜权出土于秦始皇陵园外城，通高7.3厘米，肩径3.9厘米，底径5.4厘米。秦铜权即秦代的秤砣。铜权呈十七棱面，空心，铸于秦二世时代，权身刻有两诏铭文，其内容是秦王政二十六年和秦二世元年统一度量衡的两个诏文。秦始皇诏文大意是：秦始皇二十六年（前221）统一了天下，百姓安宁，立下皇帝称号，于是下诏书于丞相隗状、王绾，依法纠正度量衡器具的不一致，使心存疑惑的人明确并统一思想。秦二世诏文大意是：秦二世元年（前209），下诏左丞相李斯、右丞相冯去疾，统一度量衡是始皇帝制，后嗣只是继续实行，不敢自称有功德。现在把这个诏书刻于左边，使后人不致有疑惑。

这两则诏文清晰地记载了秦始皇统一度量衡制的经过，而且可以看到，秦始皇已经用法律的形式，将度量衡制规定下来。这一铜权的出现，就意味着秦朝皇帝向全国宣告以此权作为标准衡器。这一铜权是秦统一全国后推行货币、度量、文字等制度的物证，具有极高的史料价值。

汉字学习

权 權 権 權 权
战国文字　篆文　隶书　繁体楷书　简体楷书

权，读音 quán，形声字，繁体字写作"權"。"权"在古代指秤砣（秤锤）。它与"衡"（秤杆）配套使用，是称量物体轻重的器具。字义由此引申为衡量、比较，如"权衡得失"，又引申为权力、权势，如"大权在握"。由衡量引申为灵活变通，权变，如成语"通权达变"。

衡 衡 奠 衡 衡
篆文　楚系简帛　说文　秦系简牍　楷书

衡，读音 héng，会意兼形声，本义是绑在车辕头上套牲畜用的横木。《庄子·马蹄》："加之以衡扼（亦作"枙"，架在牛马颈上的曲木）。"因为"衡"是是横木，所以又引申为秤杆。《庄子·胠箧（qū qiè）》："为之权衡以称之，则并与权衡而窃之（给天下人制造秤锤、秤杆来计量物品的轻重，那么就连同秤锤、秤杆一并盗走了）。"后由秤杆引申为衡量评定，如"权衡"。

秦朝统一度量衡

知识链接

战国时期,各国度量衡的标准不一,给工商业发展带来很大不便。商鞅变法曾统一过度量衡,但仅限于秦国本土,东方六国的度量衡不仅长短、大小、轻重不同,甚至单位名称、进位也大相径庭。这种情况不利于统一后的国家财政政策,还会造成社会生活的诸多不便。

秦朝建立后,为了便于经济交流,建立井然有序的经济秩序,对度量衡的统一势在必行。秦始皇二十六年(前221),秦国下令,以商鞅变法时制定的度量衡为标准,推行于全国,并制造统一的标准量器,分配到全国。保存至今的"秦量""秦权",就是当时的标准量器与衡器。测量长度的度量单位也被统一,原来的八尺为一步变成六尺为一步。

《秦诏版》
甘肃镇原县博物馆藏

71. 战国商鞅方升

商鞅方升
上海博物馆藏

商鞅方升亦称商鞅铜量,战国时秦国量器,出土于晚清时期。方升通柄长18.7厘米,内口长12.4厘米,宽6.9厘米,深2.3厘米,容积为202.15立方厘米。方升制于秦孝公十八年,标明由秦国商鞅负责监制,是秦国的国家级标准量器。

方升加刻了秦始皇二十六年诏书,说明其量制标准,这一标准一直沿用到秦朝。商鞅方升是国宝级文物,是中国度量衡发展史上标志性的器物,为商鞅变法统一度量衡这一史实提供了重要的实物证据,同时也证明,秦始皇统一天下度量衡之量器,依然沿用了商鞅变法时的标准。

汉字学习

甲骨文　金文　小篆　康熙字　楷书

　　升，读音 shēng，象形字。升的主要含义有二，首先，它是容量单位，十升为一斗。俗语有"升不离斗，称不离砣，筛子不离筐和箩"的说法。甲骨文和金文中，"升"字的字形大同小异，都是一个有手柄的容器。其次，"升"字的第二种含义是上升和登，如《诗经·天保》所写的"如月之恒，如日之升"。又引申为谷物成熟，如《谷梁传·襄公二十四年》："五谷不升为大饥。"作为容器的"升"只写作"升"；为了与容器的"升"区别开来，太阳升起的"升"写作"昇"；"陞"字在唐朝以前很少见，唐朝以后一般只用作升官的含义。这些不同含义的字，在后来的简化字中统一写作"升"。

 **徙木立信**

知识链接

　　战国时期，秦孝公任用商鞅变法图强，法令已经完备，但商鞅担心百姓不信任官府，于是在国都市场南门立下一根三丈长的木杆，招募百姓，有能够把木杆搬到北门的，就赏给十镒（yì）黄金。百姓对此感到惊讶，没有人敢去搬木杆。商鞅又宣布命令说："能够搬过去的，赏给五十镒黄金。"于是有一个人将木杆搬到了北门，商鞅立即赏给他五十镒黄金，以表明没有欺诈。从此百姓开始信任政府颁布的法令，变法得以顺利进行。

秦陶量
中国国家博物馆藏

72. 秦始皇陵兵马俑一号车

秦始皇陵兵马俑一号车局部
秦始皇陵兵马俑博物馆藏

秦始皇陵兵马俑一号车出土于秦始皇陵西侧。当时出土的大型陪葬铜车马为两乘，一前一后置于同一木椁中，前面的一乘称为一号车，后面的一乘称为二号车。一号车又称立车或高车，二号车又称安车。一号车四面敞露，车舆立一高伞，伞下一御者执辔。车上配铜弩、弩矢、铜剑、铜盾等兵战之器。车通长2.25米，通高1.52米，总重量为1061公斤，由3064个零部件组成。车、马和俑的大小约相当于真车、真马、真人的二分之一。蔡邕《独断》下卷曰："又有戎立车，以征伐。"据此判断，这辆车应为文献中记载中的"立车"。铜马车以其完整的结构、准确的造型及精心的制作，将秦代马车的形制、构造、驾引方式等具体细节直观地展现出来，从中可以看到秦代马与车的连接方式、马与马之间的并驾关系以及驭手如何操纵马匹等。秦陵铜车马被视为帝王銮驾的象征，其复杂的制作工艺和精准的写实主义造型，不仅具有极高的历史研究价值，同时也反映出中国古代文化艺术的成就，因此被誉为青铜之冠，属国宝级文物。

汉字学习

车							
	甲骨文	金文	战国文字	篆文	隶书	繁体楷书	简体楷书

车,读音 chē,象形字。甲骨文中,"车"字的字形是一个比较完整的车的形象,车轮、车轴、辕轭俱全。篆、隶、楷书中写作"車",但字形依然是车的简单象形。这个字的本义就是车子,如马车、牛车、兵车,引申指所有借助轮轴旋转的工具,如纺车、水车、滑车等。

驭   金文   战国文字   篆文   繁体楷书   简体楷书

  驭，读音 yù，会意字。金文中，"驭"字的字形非常形象，就是一只手拿着攴（pū，鞭子）驾驭一匹马。"驭"字的本义是驾驭车马，又指驾车的人。《庄子·盗跖》："颜回为驭（驾车的人是孔子的弟子颜回）。"由此引申为驾驭和控制。"驭"和"御"这两个字在驾驭车马的含义上是相通的。"御"常指驾车马的人，"驭"指驾车马的动作。"御"由驾驭车马引申为统治管理，所以又特指与君主帝王有关的事物，如"御驾""御旨"。"御"还有抵挡、抵御的含义，如"御寒"。

古代中国的马车更具优越性

知识链接

中国马车历史悠久，早在夏、商时期，马车就已成为人们的交通工具。先秦时期中国的马车究竟采取怎样的系驾法，一直缺少实物性的文物佐证。1980年秦始皇陵出土的铜车马，终于解开了这一谜团，这种系驾法就是轭靷（yǐn）式系驾法。

轭靷式系驾法是在两服马（中间的两匹马称作服马，主要用来驾辕）颈上加轭，再用一条革带围绕马脖子，系结于两轭軥（qú）之下，将轭固定，以防脱落，这条革带称"鞅"。轭底下衬以衵（rì），即裹轭的软垫。轭首缚于衡上，以支撑车体。骖（cān）马（服马旁边的两匹马，协助服马拉车）一般不负轭，偶有负轭者，皆游离于衡外。两服马通过两条靷绳来挽车。可以看出，在先秦时期，中国不但已经具备了卓越的造车技术，而且还掌握了合理的系驾方法，这也使得中国古代马车较同期采用颈带式系驾法的西方古车更具优越性。

汉画像石拓片中所见的胸带式系驾法

秦汉时期，我国制车技术有了新的发展，其标志就是一种新形制的双辕车的出现，古老的轭靷式系驾法终于被一种新的胸带式系驾法所取代。这种系驾方法就是将原先系一服马的单靷绳变为双靷绳，两靷前端不再系于轭上，而是连接一条绕过马胸的宽革带。这条革带被称为"当胸"，是曳车时的承力点，而轭这时

西安段荣墓出土
陶亭子车简示图

仅仅起着支撑衡、辕的作用。这种系驾法与之前的方法相比，更加简便，也更加科学，它将支点（轭）与曳车时的受力点（当胸）分开，使马体局部受力相应减轻。在罗马帝国时代（公元前27年—公元395年）仍然有采用颈带式系驾法的马车。

宋元以后，鞍套式系驾法出现，马以鞍（腰背）承重，用套（肩胛）拉车。这种系驾法完全免除了衡轭对马颈的重压与磨伤，放平了车辕，降低了重心，增强了车的稳定性，而且充分利用了马体最强的承重与拉力部位，增强了马的挽车能力。13世纪中期，欧洲也出现了鞍套式系驾法。

二号安车 秦始皇兵马俑博物馆藏

二号安车发掘现场

出土于秦始皇陵西侧的二号铜车,车舆为全封闭式,分前后两室,前为驾驶室,后为车主所居之室,应为文献中记载的"安车"。车身通体彩绘变形的夔凤纹,一些学者推测,这辆车应为秦始皇嫔妃所乘之车。东汉蔡邕《独断》卷下:"法驾上(皇上)所乘曰金根车,驾六马。有五色安车、五色立车各一,皆驾四马,是谓五时副车。"由此可知,秦陵所出铜车马,并非皇帝所乘的正车,而是随侍皇帝车驾的五时副车。

73. 阳陵错金铜虎符

阳陵错金铜虎符
中国国家博物馆藏

阳陵错金铜虎符是秦始皇颁发给阳陵守将使用的兵符，相传出土于山东枣庄，现藏于中国国家博物馆。这件虎符高3.4厘米，宽2.1厘米，长8.9厘米，上刻错金铭文："甲兵之符，右在皇帝，左在阳陵。"阳陵为秦郡名，即今陕西高陵县。铭文字体规整，刚劲有力。铭文反映出秦以"右"为尊的习俗。虎符是古代帝王授予臣属兵权和调拨军队时使用的信物，盛行于战国至秦汉时期。秦国的军权高度集中，征调50人以上的兵士必须经国君认可。当时的虎符都是专符专用，阳陵虎符上的"右在皇帝，左在阳陵"，意思就是说，这件兵符，右半存在皇帝那里，左半存在阳陵的统兵将领处；调动军队时，使臣持右半符验合，方能生效。阳陵虎符上的文字具有极高的史学价值，对研究中国古代军事制度具有重要的意义，而且，阳陵虎符保存完整，其文物价值更是弥足珍贵。

汉字学习

金文　说文　秦系简牍　楷书

　　符，读音 fú，形声字。本义是古代朝廷传达命令或调兵遣将用的凭证，用金、玉、铜、竹、木制成，刻上文字，分成两半，一半存在朝廷，一半给外任官员或出征将帅，二者相合便为有效凭证，如虎符，兵符。由此引申义为符合，如"符合要求""与事实不符"。又引申为代表事物的标记，如"音符""符号"。后又指道士、巫婆画的驱使鬼神的迷信物，如"护身符"。

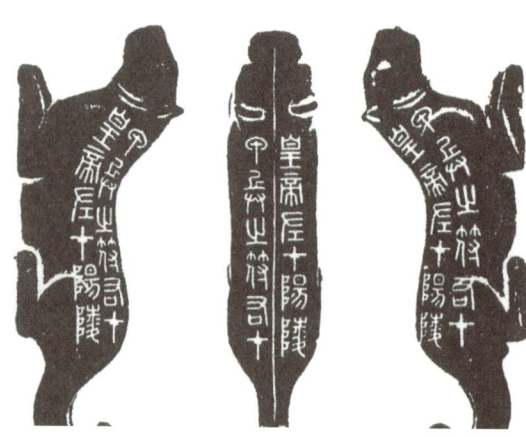

信陵君窃符救赵

知识链接

　　魏安釐（lí）王二十年（前257），秦攻打赵国，赵王向楚国和魏国求救，魏安釐王派大将晋鄙率兵援救赵国。

　　秦昭襄王听说魏、楚两国发兵，便派人对魏安釐王说："邯郸早晚都要被秦国打下来。现在谁敢去救，等我灭了赵国之后就攻打谁。"魏安釐王非常害怕，命晋鄙将十万兵马驻扎在邺城（今河北临漳），按兵不动。赵国平原君的夫人是信陵君的姐姐，写信向信陵君求救。信陵君魏无忌的门客侯嬴出主意说，兵符藏在魏王的卧室里，只有他宠爱的如姬才能拿到手。公子曾为如姬报杀父之仇，如果公子请如姬盗出兵符，如姬一定会答应的。拿到兵符，接管晋鄙的兵权，就可以援救赵国。信陵君照办，如姬果然盗得兵符，送与信陵君。侯嬴又让大力士朱亥随信陵君同行，晋鄙如果不听，就让朱亥动武。信陵君带着朱亥和门客到了邺城，见到了晋鄙。他假传魏王的命令，要晋鄙交出兵权。晋鄙验过兵符，仍旧有点怀疑。晋鄙说："我拥十万之众屯于境上，是国之重任。现在以你一人一车来取代我，恐怕有些不对吧？"朱亥从袖中抽出铁椎，杀掉了晋鄙。信陵君遂指挥魏军，选出精兵八万，出发援救邯郸。秦将王龁（hé）对于魏国军队的突然进攻毫无防备，只能仓皇迎战。邯郸城里的平原君见魏国救兵已到，也带着赵国的军队冲杀出来。在两军夹攻下，秦军败退，赵国得救。信陵君不顾个人生死安危的行为，被后人广为传颂。

杜虎符
陕西历史博物馆藏

74.《编年纪》竹简

秦《编年纪》竹简
中国国家博物馆藏

《编年纪》竹简,1975年出土于湖北云梦。简长23.1—27.8厘米,宽0.5—0.8厘米,共53枚,因其以年份为线索记录了大约九十年间秦代的一些大事,所以被称为《编年纪》,亦称《大事记》。

简文为墨书秦隶,字迹大部分清晰可辨。简文共550字,分上下两栏,逐年记述从秦昭王元年(前306)到秦始皇三十年(前217)秦统一全国的战争过程以及墓主人的生平事项。简文有的与史书相符,有的可以补史书之缺。此外,简文还记载了一些类似年谱的资料。《编年纪》竹简为研究秦代军事、政治以及历法、记时等提供了宝贵的资料,是留存至今最早的一部历史书籍。

汉字学习

編 編 编
说文　繁体楷书　简体楷书

编，读音 biān，形声字。本义是指用来穿连竹简的皮条或绳子。《史记·孔子世家》："读《易》，韦编三绝。""韦"是加工过的熟皮子，这句话的意思是说，孔子读《易》读得非常多，穿简用的皮绳都断了三次。后来，"编"的字义引申为编写、编著，又引申为编织、编排。

甲骨文　金文　战国文字　篆文　隶书　楷书

年，读音 nián，会意字。甲骨文中，"年"字的字形是一个人背着穗子弯曲的禾，表示谷物成熟进行收获之义。许慎《说文解字》："年，谷熟也。""年"的本义是收成、年景。北京天坛的祈年殿在明朝嘉靖年间主要用于祈谷，称"祈谷坛"，清朝雍正时，改为祈年殿。祈年就是祈祷五谷丰收。"大有之年"就是丰收之年。"年"的字义后来引申为时间、年节、年龄，如过年、年富力强等。

知识链接

银雀山汉墓竹简

1972年4月，山东临沂银雀山的西汉前期墓葬中，出土了大批先秦竹简。这次发掘的墓葬共两处，一号墓出土的竹简，除《孙子兵法》和《孙膑兵法》外，还有《六韬》《墨子》《晏子春秋》《管子》和《尉缭子》，此外，还有关于阴阳、风角、灾异、杂占等内容的竹简，出土的竹简和残简共4942枚。有些书，如《曹氏阴阳》等，过去未见著录。在二号汉墓中，还发现了32枚公元前134年的《汉元光元年年谱》竹简。

《孙子兵法》和已经失传1700多年的《孙膑兵法》在银雀山汉墓同时被发现，认证了长期悬而未决的《孙子兵法》的作者问题。自宋代以来，一直有人认为《孙子兵法》并不是孙武所著，还有人对孙武是否实有其人持否定态度，较多的人则认为，先秦著作往往不是出于一人之手，现存的《孙子兵法》可能源出孙武，完成于孙膑。银雀山竹简，尤其是失传已久的《孙膑兵法》的出土，最终解开了孙子和孙膑其人其书的千古之谜，对于研究先秦诸子百家思想和古代军事思想提供了重要的资料，对古代文字学研究也具有重要价值。

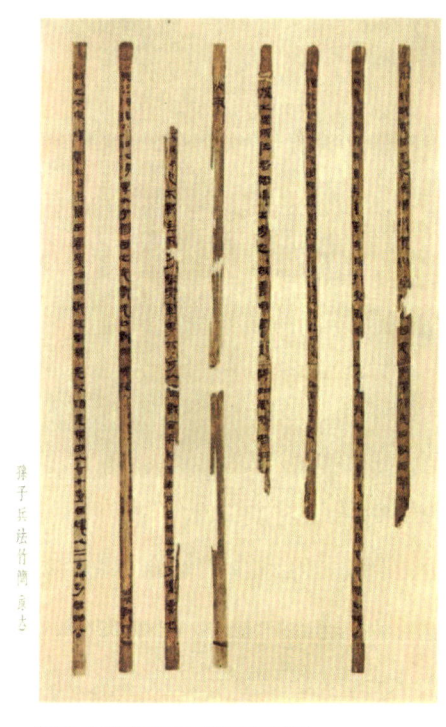

银雀山汉墓竹简《孙子兵法》

75. 《秦律十八种》

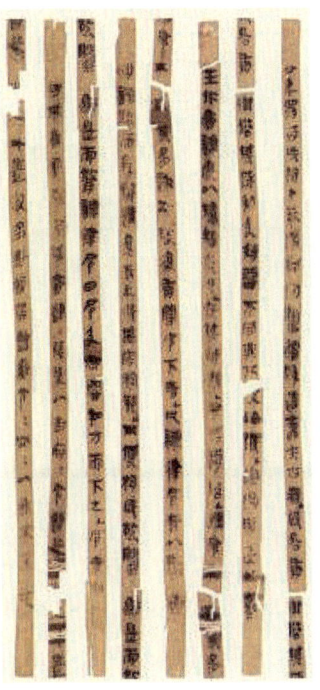

《秦律十八种》
湖北省博物馆藏

  1975年11月，湖北云梦发掘了十二座秦代墓葬遗址，其中十一号墓的木棺内出土了大量竹简，这批竹简中，最引人注目的是《秦律十八种》。秦律竹简共计201枚，记录了《田律》《厩苑律》《仓律》《金布律》《司空律》《置吏律》等十八种秦律的内容。这些秦律包含了秦代法律的主要部分，是亡佚已久的秦律首次出现，对于法律史的研究具有划时代的意义。这些法律条文应用于秦始皇统一中国之前的五年，正是秦国最为动荡的时期，也是民族融合与文化碰撞最为激烈的时期。当时秦国的各项法律制度不断出台，不断修改丰富，内容涉及秦统一前社会的方方面面，如政治、经济、军事等。这些秦律竹简，为后人进一步了解秦朝的真实面貌提供了丰富的史料。

汉字学习

| 金文 | 楚系简帛 | 说文 | 秦系简帛 | 楷书 |

  法，读音 fǎ，会意字。法的繁体字写作"灋"。金文中的"法"字由"水""去""廌"三部分组成。"水"代表公平；廌（zhì）就是獬豸（xiè zhì），是古代传说中的一种独角兽，能辨是非曲直，所以传说古者断案用獬豸抵触坏人。许慎《说文解字》："灋，刑也，平之如水；廌，所以触不直者，去之，从去。"关于"法"字的含义，后世多采用许慎的说法，本义为法律，法令，制度。

| 甲骨文 | 金文 | 战国文字 | 篆文 | 隶书 | 楷书 |

  典，读音 diǎn，会意字。甲骨文中，"典"字的字形，上面是"册"字，下面是双手。金文及以后的书写中，下面都变成了"兀（基架）"，表示双手捧着简册放在基架上，所以"典"字的本义是重要的文献、典籍，也指可以作为标准典范的文献、简册、书籍，如"经典""法典"。引申指盛大的典礼，如"开国大典"。

 **睡虎地秦墓竹简《法律答问》**

知识链接

  1975年12月，湖北云梦睡虎地秦墓发掘出了很多秦简，《法律答问》是其中的一部分。这些竹简共210支，内容有187条，多采用问答形式，对秦律当中的条文、术语以及律文的意图做出了明确解释。

秦代提倡"以吏为师",所以,关于法律条文的解释由国家设置的官吏统一进行,具有法律效力。《答问》所解释的是秦律中的主体部分,即刑法。文中列举了很多判案成例,说明当时的执法者可以根据以往判案的成例来审理案件。《答问》中还有一部分内容是关于诉讼程序的说明,如"公室告(官府起诉)""非公室告(个人起诉)"等。《法律答问》秦简是研究秦代法律以及诉讼制度的重要资料。

《答问》中可以看到很多具体的案例:

案例一:甲盗取财物价值千钱,乙在知情的情况下分赃一钱,判二人同罪。

案例二:撬锁应处以黥刑(在脸上刺字)。如果有意盗窃,即使锁没有撬开,也应处刑。如果没有盗窃意图,那么只有锁被撬开,才可以被处刑;如果锁没有撬开,则以赀刑的方式作为处罚。赀(zī)的意思是"小罚以财自赎也"。赀刑就是强制犯人缴纳一定数量的财物作为刑罚。

案例三:丈夫因为妻子骄悍而殴打妻子,导致妻子耳朵撕裂、骨折、脱臼,丈夫被处以耐刑(剃除鬓毛胡须)。

案例四:两个人持剑相斗,一个人削掉了另一个人的发髻,被处以城旦(筑城苦役)刑罚。

案例五:盗贼在大街上杀人伤人,旁边的人如果袖手旁观,距离百步之内者,就要受到赀刑的处罚。

上述案例体现了秦律的宗旨。这些法律条文维护官私财产所有权以及人身安全,最终目的是为了巩固君主专制国家的社会秩序。同时,这些法律细则以及具体案例涉及社会关系的诸多方面。秦律对案例的具体情况有比较详尽的规定,对犯罪的惩罚也比较严酷。案例中对共同犯罪、犯罪故意、见义勇为等行为进行了规制,其中对家暴行为进行惩处的规定,对女性起到了一定的保护作用,这在等级分明的古代社会中,无疑具有很大的进步性。

76. 长信宫灯

汉鎏金长信宫灯
河北省博物院藏

西汉鎏金长信宫灯是国宝级文物，从面世那一刻起，它便惊艳了整个世界。

这件鎏金宫灯为青铜器，1968年出土于河北满城中山靖王刘胜的王后窦绾之墓。灯高48厘米，重15.85千克。宫灯通体采用鎏金工艺，显得金碧辉煌、灿烂华丽。器物的整体造型是一位双手执灯跽（jì）坐的宫女形象，设计巧妙，做工精致。整件宫灯由人物的头部、身躯、右臂以及灯座、灯盘和灯罩六部分组装而成。宫女的左手托着灯座，右手提着灯罩，右臂与灯的烟道相通。灯点燃后，宫女的手袖就成为排烟管道，烟会顺着袖管进入可以盛水的内部。水可以吸收油烟，保持室内空气的通畅与清洁。

灯上的铭文有"长信"字样，许多专家据此推断，这件器物应该是窦太后（刘胜祖母）的居所长信宫中使用的，故名"长信宫灯"。长信宫灯具有极高的艺术价值和文化价值，其精美的制作技艺、巧妙的艺术设计以及超前的环保理念，都为它赢得了世人的赞誉。长信宫灯属国宝级文物，被誉为"中华第一灯"。

这盏宫灯的出土颇具传奇色彩。中山靖王刘胜和妻子窦绾墓位于满城县西南1.5公里处的陵山上。墓室开凿在岩石之中，工程非常浩大，据专家推算，开凿这样的墓室，动用万人石匠，也需要数十年的时间才能完成。1968年5月，解放军某部在陵山进行一项国防工程的施工，挖洞时无意中炸开了刘胜的墓室，随后又发现了窦绾的墓室，由此揭开了一个千古之谜。

汉字学习

| 甲骨文 | 金文 | 战国文字 | 篆文 | 隶书 | 楷书 |

光，读音 guāng，会意字。甲骨文中，"光"字的字形下面是一个人跪坐（双膝着地，上身挺直），头顶火炬形。这个字的本义是光明、照明。成语"凿壁偷光"，说的是西汉匡衡自幼好学，凿穿墙壁，引邻舍烛光读书的故事，后用来形容家贫而读书刻苦的人。

窦太后与她的权势人生

长信宫灯虽然是从中山靖王刘胜王妃窦绾墓中出土的，但多数专家认定，它原来的主人应该是权势逆天的窦太后。或许因为中山靖王刘胜是窦太后的孙子，窦绾是窦太后的侄孙辈，所以宫灯赐给了窦绾使用。

窦太后究竟是何许人也？

窦太后即汉文帝皇后，原名猗房。她出身贫寒，少年时入宫伺候吕后，阴差阳错地被吕后赐予刘邦的第四个儿子代王刘恒，与刘恒随行代国，并得到代王的宠爱。

据《史记·吕太后本纪》记载，权势滔天的吕雉去世后，爆发了"诸吕之乱"，吕氏家族被诛杀，刘恒被朝中权臣拥立为皇帝，后窦猗房又阴差阳错地成为汉文帝刘恒的皇后。在她的儿子汉景帝执政时期，她被尊为皇太后，在孙子汉武帝执政时期，又被尊为太皇太后。后辈不敢违忤祖母太祖母，所有朝廷政事都随时向她请示。

窦太后一生七十多年的时间里，经常出面干预朝政，长期左右着大汉王朝的命运。窦太后拥附"黄老思想"。黄老之学是黄帝之学和老子之学的合称，主张修行、经世、致用。在她的影响下，文景时期的西汉政权继承了刘邦时期定下的"以民生息""无为而治"的休养生息政策，汉王朝走上了强盛的高峰。

汉武帝建元六年（公元前135），太皇太后窦氏在长乐宫去世，时年七十一岁，与汉文帝合葬于霸陵。

77. 霍去病墓石雕马踏匈奴

马踏匈奴
茂陵博物馆藏

《马踏匈奴》是汉代将军霍去病墓石刻中的重要作品。霍去病墓位于陕西兴平茂陵附近。霍去病是西汉名将，曾率骑兵深入大漠与匈奴作战，功冠全军，十九岁时升任骠骑将军。公元前117年，二十四岁的霍去病突然病逝，汉武帝痛失爱将，十分悲伤。为纪念霍去病的赫赫战功，汉武帝下令将霍去病的坟墓建在茂陵（汉武帝陵）旁边，并建成了祁连山的模样。《马踏匈奴》是霍去病墓石雕群中最具纪念意义与象征意义的作品。

这件石刻中，石马昂首站立，尾长拖地，马身长1.9米，高1.68米，用灰白细砂石雕凿而成。石雕线条圆润饱满，风格古朴凝重，蕴含着高昂的刚毅气概，以卓然的神情和意态，象征霍去病为大汉王朝立下的不朽战功。马腹下面有一个匈奴人的形象，他手持弓箭匕首，须发蓬松零乱，神情狼狈不堪。这一形象象征匈奴被大汉王朝击败时的垂死挣扎。

从艺术的角度来看，雕刻家以写实与浪漫相结合的手法，采用一人一马对比的形式，展现出一个高下悬殊的抗衡场面，揭示出正义力量不可阻挡的主题。这匹马姿态威武，气宇轩昂，是胜利者的象征；马腹下的匈奴人作挣扎状，惊慌狼狈，昭示出来犯者的下场。

《马踏匈奴》既是古代战场的缩影，也是霍去病赫赫战功的象征。这件作品在中国雕塑史上具有划时代的意义。从这件主题石雕作品开始，中国的雕塑艺术才真正走上了写实与写意并重、力求神形皆备的艺术创作道路。《马踏匈奴》石雕是国宝级文物，具有强烈的艺术感染力。

汉字学习

甲骨文　金文　说文　楷书

霍，读音 huò，会意字。甲骨文中，"霍"字字形的上面是"雨"，下面是三个隹（zhuī，鸟）。这个字的本义是群鸟在雨中疾飞，发出霍霍的响声。字形演变过程中变化不大，只是小篆写作两个"隹"，楷书变成一个"隹"。《说文解字》："霍，飞声也，雨而双飞者，其声霍然。"由鸟在雨中疾飞这一字义引申为疾速，如"霍然云消"。又作象声词，表示磨刀的声音。《木兰诗》："磨刀霍霍向猪羊。"

战神霍去病——"匈奴未灭，何以家为"

中国古代战争史上，不乏骁勇善战的武将英雄，但像霍去病这样勇冠三军、战功赫赫的青年将军，的确无人能及。

公元前123年，十七岁的霍去病被汉武帝任命为骠姚（piào yáo）校尉，随卫青击匈奴于漠南。霍去病率八百骑兵长驱直入数百里，斩杀匈奴两千余人。汉武帝闻到捷报非常高兴，封霍去病为"冠军侯"，意思是他勇冠全军。

公元前121年，十九岁的霍去病被汉武帝任命为骠骑（piào qí）将军，率领精骑一万人，从陇西（今甘肃临洮）出发，攻打匈奴，"杀折兰王，斩卢侯王，执浑邪王子及相国、都尉，捷首虏八千九百六十级"。

随后，汉武帝又发动了第二次河西战争。霍去病再次孤军深入，在不通晓地形地貌、缺乏粮草补给并且没有援兵的情况下，大败匈奴，特别是祁连一战，使得匈奴不得已退往焉支山北，汉帝国终于获得了梦寐已久的丰美牧场和咽喉要冲。

霍去病立下大功，汉武帝特派使臣，带着美酒到前线去慰问他。霍去病对使臣说："重创匈奴的功劳应该归于全体将士。"他下令将御赐美酒倒入营帐所在的山泉中，全体将士畅饮山泉玉液，此地也被后世称为酒泉。

河西大战后，匈奴浑邪、休屠二王奉表投降。汉武帝派霍去病领兵一万，渡过黄河受降。河西走廊从此再无匈奴势力，汉王朝的版图上多了武威、张掖、酒泉、敦煌四郡。

公元前119年春，霍去病再次接受汉武帝命令，与卫青率军分别出定襄和代郡，深入漠北，寻歼匈奴主力。霍去病斩敌七万余人，俘获匈奴屯头王、韩王等重量级人物以及将军、相国、当户、都尉等八十多人，左贤王战败逃走。霍去病在狼居胥山（今蒙古国的肯特山）率大军进行了祭天地的典礼，历史上称之为"封狼居胥"。霍去病班师回朝，汉武帝命人为他在长安建造了一所精致的住宅，霍去病的回答掷地有声："匈奴未灭，何以家为？"

公元前117年，二十四岁的霍去病突然病逝。汉武帝十分悲伤，他下令将霍去病的坟墓建在茂陵旁边，并修成祁连山的模样，以纪念他的赫赫战功和忠诚勇武精神。

马踏匈奴

78. 新莽铜嘉量

新莽铜嘉量
台北故宫博物院藏

新莽铜嘉量是西汉时期铜器，现藏于台北故宫博物院。它是公元9年王莽立号为新朝时制造的标准量器，器高25.6厘米，口径34.6厘米。西汉末年，王莽篡权称帝，为了大造自己是真命天子的舆论，打出了复古改制的旗号，改革度量衡是其中唯一成功的一项。王莽委派以刘歆为首的音律学家，进行了大规模的度量衡制度改革。这次改革的成果之一，就是制作了一批度量衡标准器，这些器物几乎每一件都是中国度量衡历史上的精品，其中最杰出的是新莽铜嘉量，它曾被誉为"旷世瑰宝"。

新莽铜嘉量是一件五量合一的标准量器，主体是斛量，另外还有斗、升、龠、合诸量器，五种量器巧妙地组合为一体。嘉量是用青铜铸造的，主体是一个大圆柱桶，桶的下部有一隔层，隔层上方是斛量，下方是斗量；左侧的小圆柱桶是升量，底在下端；右侧是一个中有隔层的小圆柱桶，隔层上方为合（gě）量，下方为龠（yuè）量。斛、升、合三量开口向上，斗、龠二量开口向下，如下图所示。在嘉量的五个单位量器上，每一个都刻有铭文，详细记载了该量器的形制、规格、容积以及与其他量器之间的换算关系。嘉

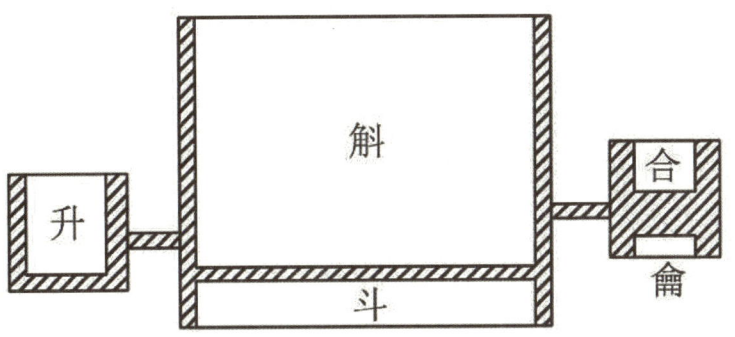

新莽嘉量示意图

量的五个分量进位关系是：1斛=10斗，1斗=10升，1升=10合，1合=2龠。

新莽铜嘉量有十分详尽的刻铭。斛量正面器壁上刻81字诏文，大意是：唐尧、虞舜的美德传到莽，建立了新朝，统一了律度量衡，故昭告天下，万世永遵，享传亿年。背面又在五个量器的外壁上加刻每一量器的直径、深度及计算容积，共240字。

清朝乾隆初年，新莽铜嘉量被发现藏于内府。乾隆皇帝对它给予了极大的关注，而且参照新莽铜嘉量，设计制造了三圆一方的乾隆嘉量，把方、圆两件分别陈设在乾清宫和太和殿前亭屋内，以象征清廷的法度与至高无上的权力。

新莽铜嘉量对于研究古代历史、科学技术以及数学、度量衡，都具有极高的史料价值。这件量器是王莽改制这一历史事件的实物见证，也是刘歆计量理论的具体实践，被后世视为度量衡制作的楷模。它设计巧妙，数据精确，而且造型独特，铸艺精良，不仅体现了当时科学发展的水平，而且也是中国古代青铜铸造技术高度发达的体现。

新莽嘉量上的诏文

汉字学习

量,读音 liàng 或 liáng,形声字。读 liàng 的时候,做名词。"量"字的字义是指量器,主要是计算物体容积的器具,如升、斗等。《说文解字》:"量,称轻重也。"由容器引申为酒量、胆量、度量。读 liáng 的时候,做动词,字义是用计算容积的量器计量轻重,《庄子·胠箧(qū qiè)》:"为之斗斛以量之(给天下人制定斗、斛来计量物品的轻重)。"后来,无论是用尺子、秤(chèng)或者能作为标准的东西来衡量事物的多少、长短、大小,都被称为"量",如计量、测量等。

王莽改制

知识链接

王莽是新朝(9年—23年)的开国皇帝。新朝仅存 14 年,是中国历史上的短命王朝。

王莽是西汉元帝王皇后王政君的侄子。西汉后期,王莽逐渐把持朝政,通过种种手段赢得社会赞誉和至高无上的礼遇。公元 9 年,王莽自立为帝,国号"新",年号为"始建国"。在朝野的广泛支持下,王莽登上了最高权位,开了中国历史上通过符命禅让成为皇帝的先河。

王莽称帝后,采取了一系列改革举措,史称"王莽改制"。王莽为什么要"改制"呢?汉末以来,政治腐败,朝廷奢华无度,地方官吏搜刮盘剥,再加上豪强地主大量兼并土地,使得百姓流离失所,经济凋敝,民不聊生,所以人心浮动,社会

王莽

矛盾激化，政治危机愈演愈烈。王莽执政后，为了笼络民心，采取了一系列缓和社会矛盾的政策。

始建国元年王莽诏令，将天下田改曰王田，以王田代替私田；奴婢改称私属，与王田一样，均不得买卖。其后，又改革币制、官制，规定盐铁官营，山川河流收归国有；还废止奴隶制度，将耕地重新分配。王莽希望通过这些措施，实现国泰民安。但事与愿违，这些改革措施始终未能在根本上解决问题。

王莽信奉儒家思想，他认为天下要恢复到孔子所宣称的"礼崩乐坏"前的礼治时代，才可能实现政通人和。因此，王莽试图通过复古西周时代的礼乐制度来实现治国安天下的理念，于是，他仿照周朝的制度，开始推行新政。

王莽的许多改革措施与当时的时代不合节拍，带有理想主义和不切实际的色彩。这些政策只求名目复古，不合时宜，而且推行的手段和方法也不正确，在遭到强烈反对后又企图通过严刑峻法强制推行，上上下下因违反法令而受重罚者不计其数，因此，这些改革措施加剧了社会动荡和矛盾的激化。人们未蒙其利，先受其害，各项政策又朝令夕改，使百姓官吏不知所从，因此导致普天下的不满，王莽改制以失败告终。

公元23年，农民起义军绿林军攻入长安，王莽被杀，新朝灭亡。

79. 刘胜金缕玉衣

西汉刘胜金缕玉衣
河北博物院藏

1968年5月，解放军某部在河北满城西南的陵山进行国防工程施工时，无意间炸开了西汉中山靖王刘胜墓的墓道，由此发现了满城汉墓。金缕玉衣是这座墓葬出土的珍贵文物之一。

玉衣也叫作玉匣、玉柙，是汉代皇帝和高级贵族死后穿用的殓服，外观与人体形状相同。这种殓服是用金线缕结玉片制成的，因此称为"金缕玉衣"。刘胜的玉衣全长1.88米，共用玉片2498片，金丝1100克。玉衣分为头部、上衣、袖筒、裤筒、手套和鞋六个部分，每一部分都可以分离。所用玉片大部分呈长方形和方形，也有梯形、三角形、四边形和多边形。最大的玉片长4.5厘米，宽3.5厘米，用在脚底。最小的玉片只有成人指甲大小，用来表现手指。与金缕玉衣同时出土的还有鎏金镶玉铜枕、玉九窍塞、玉握和18件殓尸用玉璧，组成一套规格最高的汉代丧葬玉器。

汉代以厚葬闻名，其"视死如生"的观念，在墓葬文化中表现得特别明显。《荀子·礼伦》说："丧礼者，以生者饰死者也，大象其生以送其死也。"古代贵族们希望自己长生不老，而且希望自己死后"尸身不腐"，来世继续享受荣华富贵。西方有用"木乃伊"保存尸体的方法，汉代人崇尚"玉能寒尸"，于是发明了用玉制成的衣服，幻想人死后穿上它，就可以永远不腐。

刘胜墓这件完整的金缕玉衣，是此类丧服的首次发现，具有重要的历史意义，因此堪称国宝，2002年被列入中国首批禁止出国（境）展览文物目录。

汉字学习

甲骨文　金文　小篆　楷书

死，读音 sǐ，会意字。甲骨文中，"死"字的字形很形象，右边是一个人低着头，左边是"歺"(è)，也就是枯骨，残缺的骨头，《说文解字》："歺，列骨之残也。"人面对枯骨，就代表着生命结束，死亡。凡从死做义符的字都和死亡有关，如毙、葬、薨等。

甲骨文　甲骨文　小篆　康熙字　楷书

葬，读音 zàng，会意字。在甲骨文中，"葬"字的字形，有的像方坑里的一个人，上面长出了草，有的像方坑里的残骨"歺"。到小篆之后，"葬"字变为"茻"（mǎng，草丛）中的一个"死"字，像人死后用草覆盖的意思。"葬"字的本义是掩盖，埋葬。《说文解字》："死，藏也，从死在茻中。"

《周易·系辞传下》："古之葬者，厚衣之以薪，葬之中野，不封不树，丧期无数。"意思是说，古时候丧葬，是用厚厚的可作燃料的木柴覆盖尸体，埋葬在荒野中，不聚土为坟，不设立标志，丧礼期限也没有固定数目。

曹魏时期的薄葬制度

秦汉时期，厚葬之风盛行，秦始皇陵和汉武帝茂陵是帝王豪华陵墓的代表。

东汉末年，薄葬渐渐兴起。曹魏时期，开风气之先的是曹操。据《三国志·武帝纪》记载，曹操在临终前留下遗令，选定邺城西门豹祠以西的丘陵薄地作为墓址，主张"因高为基，不封不树"，不得用金玉珍宝陪葬。黄初七年（226），曹丕四十而亡，葬事从俭。魏明帝曹叡，生前虽崇尚奢华，但在后事上同样提倡薄葬。曹丕妻郭皇后的外甥孟武欲厚葬其母，郭皇后制止，曰："自丧乱以来，坟墓无不发掘，皆由厚葬也；首阳陵可以为法。"郭皇后本人亦以曹丕终制薄葬行事。曹操的儿子曹植、曹衮也皆遗令薄葬，依父兄终制。

曹魏皇室薄葬的风气，一直影响到两晋时期。西晋王朝的奠基人司马懿去世于曹魏嘉平三年（251），他立下遗嘱："于首阳山为土藏，不坟不树，作《顾命》篇，敛以时服，不设明器。后终者不得合葬。"晋景、文二帝皆遵奉成命，没有厚葬。

对于曹魏时期兴起薄葬的原因，有专家做如下解释：一是由于当时天下大乱，经济凋敝，并无充足的财力和人力进行厚葬；二是对盗墓的恐惧，曹操曾率人盗发过汉梁孝王墓，对盗墓的后果深有体会；三是当时佛学、玄学、道教的传播成为薄葬得以推行的思想因素。魏晋之后，厚葬逐步回升，至隋唐时，厚葬再度风行。

80. 汉代铜奔马

铜奔马
甘肃省博物馆藏

　　铜奔马，又名"马踏飞燕""马超龙雀"等，为东汉青铜器，1969年出土于甘肃武威的雷台汉墓，现藏于甘肃省博物馆。

　　铜奔马身高34.5厘米，身长45厘米，宽13.1厘米，重7.3千克。这匹马昂首嘶鸣，躯干壮实，四肢修长，三足腾空，一足踏飞燕。铜马浑圆彪悍，凌空飞腾，是天马行空的真实写照。铜奔马将精湛的工艺与龙马精神合二为一，既代表了大汉王朝的尚武精神，又体现出中华民族昂扬向上、奋进自强的进取精神。

　　铜奔马在1983年被国家旅游局确定为中国旅游标志，1996年被国家文物局鉴定为国宝级文物，2002年被列入首批禁止出国（境）展览文物目录。

汉字学习

甲骨文　金文　战国文字　篆文　隶书　繁体楷书　简体楷书

马，读音 mǎ，象形字。甲骨文中，"马"的字形就像一匹直立的马，还有一些常用词汇与马有关，如，形神具备，眼睛、马头、身体、尾巴、鬃毛、马蹄，都形象地表现出来。隶书写作"馬"，渐渐失去了马的形象。在古代，马是重要的力畜之一，主要用来拉车和骑乘。用"马"做意符的字，一类与马的名称和马的性状有关，如骏、驹、骥等，另一类表示驾车、驱车，如驭、驰、驶等。

金文　战国文字　篆文　隶书　楷书

奔，读音 bēn，会意字。"奔"的金文字形，上面是身体前倾、甩手快跑的人形，下面是三个"止（脚）"，用连续不断的脚印，意会快速奔跑的含义。小篆出现后，字形下面的脚印变成了"卉"。"奔"的本义是快跑，又特指逃跑、流亡。旧时把女子不依照旧礼教的规定而投奔所爱的男子称为"奔"，如班固《司马相如传》中的"文君夜亡奔相如"，意思是卓文君夜晚逃跑，与司马相如私奔。

九方皋相马

知识链接

伯乐是春秋战国时期秦国有名的相马能手,在他暮年之时,秦穆公召见他说:"您的年纪已经很大了,在您的后辈当中,有谁能够继承您的事业,继续寻找千里马呢?"伯乐说:"真正的千里马不是从外表能看出来的,我的儿子们才能低下,相马之技,即便我告诉他们,他们也无法识别。过去同我一起挑过菜、担过柴的人当中,有一人名叫九方皋,他的相马技术很高,请大王召见。"于是,秦穆公召见九方皋,叫他去寻找千里马。

九方皋在各处寻找了三个月后,回来报告说:"我为大王寻找到了一匹千里马。不过,那匹马眼下正在沙丘那个地方。"秦穆公问:"那匹马是什么样的呢?"九方皋回答:"那是一匹黄色的母马。"秦穆公派人去取,却发现那是一匹黑色的公马。秦穆公很不高兴,把伯乐叫来说:"你推荐的人连马的毛色与公母都分辨不出来,又怎么能认识千里马呢?"

伯乐感叹道:"九方皋相马,连我也望尘莫及。他看到的,是马的精神和机能,而不是它的表象。他只看他应该看到的东西,不去注意那些不该注意的东西。九方皋相马的价值,远远高于千里马的价值,这正是他超过我的地方啊!"等到把那匹马从沙丘牵到秦穆公和伯乐面前时,大家一看,果然是天下少有的千里马。

徐悲鸿《九方皋》

81. 单于天降瓦当

单于天降瓦当
内蒙古博物院藏

西汉单于天降瓦当，1954 年出土于内蒙古包头汉墓群。瓦当也叫滴水檐，是屋檐最前端的一片瓦，具有保护木制飞檐和美化屋面轮廓的作用。天降单于瓦当为泥质灰色，直径 17.1 厘米，圆形，宽边轮，筒部残留一部分。与这件瓦当同时出土的还有"单于和亲""四夷尽服""千秋万岁""长乐未央"等瓦当。

单于是匈奴人对部落联盟首领的专称。匈奴是蒙古高原上的游牧民族，秦汉时期时常侵扰内地，直接威胁到民众的安全和封建政权的稳固。汉武帝开始全面反击，最终击退了匈奴。"天降单于"瓦当就是对当时汉军击退匈奴的一种颂扬。之后，在汉宣帝、汉元帝时期，匈奴和西汉之间建立了友好关系。《前汉书·元帝纪》："虖（呼）韩耶单于，不忘恩德，向慕礼仪，复修朝贺之礼，愿保塞传之无穷边陲，长无兵革之事。""单于和亲""单于天降"都代表了古代民族和解之义。

汉代的瓦当作为建筑的组成部

分，其功能已经从实用延伸到历史、文化与艺术层面。汉代瓦当图案设计优美，字体行云流水，极富变化，内容也非常丰富，反映了汉代社会生活的方方面面，具有很高的史料价值。

汉字学习

说文　秦系简牍　楷书

瓦，读音wǎ，象形字。字义是用陶土烧制的器皿。《韩非子·外储说右上》："有瓦器而不漏，可以盛酒乎？"又特指陶制的纺线锤。《诗经·小雅·斯干》："乃生男子……载弄之璋。乃生女子，……载弄之瓦。"（意思是如果生男孩，给他玉璋玩，如果生女孩，给她陶制的纺锤玩）。"瓦"又指屋顶上覆盖的瓦片，有板瓦、筒瓦、瓦当之分。

甲骨文　金文　战国文字　篆文　隶书　楷书

降，读音jiàng或xiáng，会意兼形声字。甲骨文中的"降"字，左边是阜，就是土山台阶的形象，右边是脚尖朝下的两只脚，含义是从高处往下走。"降"的字义后引申为下降、降落、降低，又引申为降生。读音为xiáng时，表示的是归顺和投降。

苏武牧羊

西汉天汉元年（前100），苏武奉汉武帝之命出使匈奴，欲同匈奴单于修好。不料，就在苏武完成使命准备回国的时候，匈奴上层发生内乱，苏武一行人受到牵连，被扣押在匈奴。单于多次威胁利诱，苏武宁死不屈，坚决不降。单于把苏武囚禁在露天的地穴里，不给他吃喝。苏武就把雪同毡毛一起吞下充饥。最后，单于将他迁到北海（一说在今俄罗斯的贝加尔湖，一说在今甘肃白亭海）边牧羊，扬言要公羊生子方可放他回国。苏武到了北海，和他作伴的，只有那根代表朝廷的旌节。他拄着节杖牧羊，无论睡觉还是起来都拿着，以至于系在节杖上的节旄都掉落了。匈奴不给他口粮，他就掘野鼠洞里的草根充饥。

公元前85年，囚禁苏武的匈奴单于死去，匈奴发生内乱，新单于没有力量再跟汉朝打仗，于是打发使者求和。那时候，汉武帝已经去世，汉昭帝即位。汉昭帝派使者前往匈奴，要单于放回苏武，单于谎称苏武已经死了。使者信以为真，汉使者第二次去匈奴时，苏武的随从常惠买通匈奴人，私下和使者见面，把苏武在北海牧羊的情况告诉了使者。使者见了单于，严厉责备他说："匈奴既然存心同汉朝和好，就不应该欺骗汉朝。我们的皇上在御花园射下一只大雁，雁脚上拴着一条绸子，上面写着苏武还活着，你怎么说他死了呢？"单于听了，吓了一跳，忙向使者道歉："苏武确实活着，我们把他放回去就是了。"

至始元六年（前81），苏武获释回汉。他去世后，汉宣帝将其列为麒麟阁十一功臣之一，以表彰其节操。

82. 鎏金"中国大宁"铜镜

鎏金"中国大宁"铜镜
中国国家博物馆藏

鎏金"中国大宁"铜镜，1952年出土于湖南长沙伍家岭。这件文物属西汉王莽时代（公元9—23年）铜镜，直径18.6厘米，厚1.3厘米。铜镜中心有柿蒂纹钮座。柿蒂纹间各有一兽头，外围双线方栏。方栏外饰博局纹，间饰鸟兽纹。镜背纹饰由一周双线弦纹分为内外两区。方框外饰博局纹中的T形纹，间饰羽人、玄武、朱雀、瑞兽等。外区间饰朱雀、青龙、独角兽等瑞兽，有些瑞兽的头部已经延伸到内区。内外区瑞兽纹间饰云气纹，近缘饰短斜线纹。周边铸铭文一圈，共52字："圣人之作镜兮，取气于五行。生于道康兮，咸有文章。光象日月，其质清刚。以视玉容兮，辟去不羊（祥）。中国大宁，子孙益昌。黄常（裳）元吉，有纪刚（纲）。"大意是说，圣贤冶铸的铜镜，吸取了金木水火土五行的精气。在博大的"道"中产生，包含了各种奇妙图文。镜子如日月一般光亮，质地清脆刚硬。用它照视你的玉颜，可以驱除不吉祥的东西。祈盼中国和平与安宁，世世代代日益昌盛。遵守自然秩序才能大吉大利，世界万物都有纲常规律。

铜镜上的铭文有"中国大宁"四个字，表达了对和平康宁的祈愿。这面铜镜的珍贵之处，就在于铭文中出现的"中国"名称。精湛的鎏金工艺也是这面铜镜的珍贵之处。"中国大宁"青铜镜如今收藏在中国国家博物馆，为国宝级文物。

在古人心中，"中国"一词作为地域的定位，有天下之中心或中原的意思。此外，"中国"一词，还有文化传承的意味，同时有正统的含义。然而，"中国"一词出现并应用的时间长达三千年左右，却没有一个王朝或政权以"中国"作为国名，可见"中国"之称谓，早已成为带有地理和文化本位的历史符号，深深植根于华夏子孙的心中。"中国"正式作为国名，始于1912年中华民国建立之后。

在中国使用了几千年的青铜镜，早已超越了日常生活中照面饰容之功用，深深融入了中国人的文化意识之中。人们常说的"破镜重圆""明镜高悬""以镜为鉴"等等，都反映出铜镜文化对于中国文化的影响。

汉字学习

| 甲骨文 | 金文 | 战国文字 | 篆文 | 隶书 | 繁体楷书 | 简体楷书 |

宁，读音 níng，会意字，繁体字写作"寧"。甲骨文中，"宁"字的字形上面是器皿，下面是"丂（kǎo 搁板）"，意思是房中存有食物。有的金文字体加上"宀"，加上"心"，突出人心之所愿，家有食物则心安。"宁"字的本义是安定、安宁。出嫁女子回娘家探亲叫"归宁"，《诗经·葛覃》中有"归宁父母"的诗句。

汉字学习

镜,读音 jìng,形声字。"镜"字出现得比较晚。小篆中的"镜"由"金"和"竟"组成,"金"是义符,表示古代的镜子由金属制成,"竟"表音。许慎《说文解字》:"景也,从金竟声。"段玉裁《说文解字注》:"景者,光也。金有光可照物谓之镜。""镜"字的本义是借助光来照物。古人最早是在水的光影中照见自己的形象的,所以用盛水的大盆"鉴"表示镜子的含义。"鉴"被引申为借鉴、察看、审查等意义之后,后人又造形声字"镜"来表示照影的含义。

唐太宗李世民说:"以铜为鉴,可以正衣冠,以人为鉴,可以知得失,以史为鉴,可以知兴替。"鉴就是古代的镜子。铜镜不仅仅是古人的日常生活用具,还传承着古人的思想与文化。

许由巢父镜是宋代流行的一种故事题材的铜镜,镜的背面以高山流水和草舍茅屋为背景,所讲的故事非常有趣。许由和巢父是尧帝时代的两位隐士,尧想把王位禅让给许由,许由不肯接受,躲到箕山脚下去种地。尧请他出任九州长,他又跑到颍水边去洗耳朵,表示不愿听这种话。这时,巢父牵着牛经过河边,问许由为什么要洗耳朵,许由说:"尧叫我去做九州长,这种话脏了我的耳朵,所以要洗一洗。"巢父听了,冷笑着说:"你如果住在高山深谷中,不与世人交往,又有谁会来打扰你呢?现在你这样故作清高,其实是为了沽名钓誉,我还怕你洗耳朵的水弄脏了我的牛嘴呢!"说完便牵着牛往上游去了。

83. 素纱单衣

素纱单衣
湖南省博物馆藏

素纱单衣，1972 年出土于湖南省长沙市马王堆汉墓，属国宝级文物，现藏湖南省博物馆。这一墓葬的主人是西汉初期长沙国丞相利苍的夫人辛追，随葬物品有大量珍贵器物，如乐器、漆器、陶器、食品、药材、衣物、帛画等，还有数十个木制仆人和卫兵。素纱单衣是随葬物品之一。

这件单衣衣长 128 厘米，通袖长 190 厘米。单衣由上衣和下裳两部分构成，交领、右衽(rèn)、直裾。面料为素纱，由精缫的蚕丝织造。素纱是秦汉时期流行的衣料，可做夏服和衬衣。这种衣料为平纹织物，经纬密度较小，纱线之间的间隔较大，整体风格稀疏、轻薄、飘逸。素纱单衣罩在锦衣之外，可以使整体衣装更加含蓄、优雅。

这件素纱单衣丝缕极细，虽用料约 2.6 平方米，但重量仅 49 克，可谓薄如蝉翼，轻若烟雾，且色彩鲜艳，纹饰绚丽。

素纱单衣体现出汉初养蚕、缫丝以及织造工艺的最高水平。它是世界上现存年代最早、保存最完整、制作工艺最精、最轻薄的一件衣服，在中国古代丝织史、服饰史和科技发展史上都具有极为重要的地位。2002年，素纱单衣被国家文物局列入首批禁止出国（境）展览文物目录。

汉字学习

甲骨文　金文　战国文字　篆文　隶书　楷书

衣，读音 yī，象形字。"衣"字的字形在隶书出现以前比较一致，上面像领口，两旁像袖筒，底下像两襟左右掩覆的形状。"衣"字的本义为带大襟的上衣，后泛指衣服。许慎《说文解字》："衣，所以蔽体者也。上曰衣，下曰裳。"古人穿的下衣称为裳，是裙子的一种，《诗经·邶风·绿衣》中所写的"绿衣黄裳"，指的就是绿色上衣，黄色裙子。

 知识链接　《清平调·云想衣裳花想容》

清平调·云想衣裳花想容（其一）

（唐）李白

云想衣裳花想容，春风拂槛露华浓。
若非群玉山头见，会向瑶台月下逢。

博物馆里的大语文　253

　　李白这首作品写于唐玄宗天宝二年（743）或天宝三年（744）。春天的一日，唐玄宗和杨贵妃在沉香亭观赏牡丹花，伶人们准备表演歌舞以助兴。唐玄宗却说，赏名花，赞妃子，不可用旧日乐词，于是急召翰林待诏李白进宫，创作新章。李白奉诏进宫，在金花笺上写下了《清平调》三首。《云想衣裳花想容》是其中之一，展现了杨贵妃的美丽和高贵。这三首《清平调》，是李白在长安期间流传最广、知名度最高的作品。

【注释】

1. 云想衣裳花想容：以云喻衣，以花喻人。见云之灿烂想其衣之华艳，见花之艳丽想美人之容貌照人。
2. 槛（jiàn）：花圃的围栏。华：通"花"。露华浓：牡丹花沾着晶莹的露珠，更显得颜色艳丽。
3. 群玉山：神话中的仙山，《穆天子传》说它是西王母住的地方，此处以西王母居处指代仙界，暗喻杨贵妃貌比天仙。
4. 瑶台：也是西王母的居处。

【译文】

云像她的衣裳，花像她的容颜，春风吹拂栏杆，露珠润泽花色更浓。如此天姿国色，不是群玉山头所见的飘飘仙子，就是瑶台殿前月光照耀下的神女。

84. 五层连阁式彩绘陶仓楼

五层连阁式彩绘陶仓楼
河南焦作博物馆藏

　　五层连阁式彩绘陶仓楼 1973 年出土于河南焦作，属东汉中晚期器物。陶楼通高 161 厘米，通宽 144 厘米，进深 69 厘米。陶楼由院落、主楼、附楼、阁道四大部分 26 个组配件组成，可分拆组装，设计精妙。它由一个主楼一个附楼一个阁道共同构成建筑主体，主楼附楼间，架设了一条空中走道——阁道。阁道呈横长方形，上覆两坡顶，顶上作瓦垄。《阿房宫赋》中"复道凌空，不霁何虹"的描述，在这里可以体现出来。陶仓属于秦汉时期的高层建筑，河南出土的建筑明器中，陶仓楼数量众多，这反映出汉初休养生息的政策所带来的社会稳定的局面，也反映出当时粮食丰收、"民则人给家足，都鄙廪庾皆满"的社会现实。

汉字学习

甲骨文　金文　楚系简帛　说文　秦系简牍　繁体楷书　简体楷书

仓，读音 cāng，象形字。繁体字写作"倉"，更接近造字之初的形象。甲骨文中的"仓"是粮仓的象形，上面是仓顶，下面是仓体，中间为进出的门（户）。"仓"的本义就是粮仓。许慎《说文解字》："倉，谷藏也。"引申泛指储藏物品的地方，如仓库、货仓。

甲骨文　金文　说文　楷书　楷书

廪，读音 lǐn，象形字。甲骨文中，"廪"字的字形像一个简易的粮仓，上面是顶，下面像房屋。金文的"廪"字，中间像门的形状，小篆"㐭"是形象的粮仓，上顶下仓，还有通风的窗口。楷书的"廪"从"广"和"禾"。廪的本义是米仓，后来简化字写作"廪"，表义的"禾"写成了"示"。《管子·牧民》说："仓廪实则知礼节，衣食足则知荣辱。"

知识链接

天下第一粮仓——唐代含嘉仓

含嘉仓是唐代的国家粮仓,被称为天下第一粮仓。粮仓遗址位于河南洛阳,发现于20世纪60年代。

含嘉仓始建于隋大业元年(605),是隋朝在洛阳修建的最大的国家粮仓。仓城东西宽612米,南北长710米,总面积43万平方米,是隋唐东都城的重要组成部分。唐代建立后,基本沿用了隋代的广通、黎阳、太原等粮仓,同时又增设了几处新粮仓。这些粮仓当中,最大的就是含嘉仓。

含嘉仓储粮的来源范围十分广泛,但主要集中在河北、山东、江苏等地。根据《通典·食货》的记载,唐天宝八年(749),全国各大官仓的储粮数量是12,656,620石,而含嘉仓就储存了5,833,400石,几乎占了总量的一半。大规模的占地面积、广泛的粮食来源以及占全国一半的粮食储量,都足以证明,含嘉仓"天下第一粮仓"之誉名副其实。

含嘉仓刻铭砖

隋唐含嘉仓遗址

　　《旧唐书·官职志三》记载："凡凿窖置屋，皆铭砖为庾斛之数，与其年月日，受领粟官吏姓名。"考古挖掘出土的含嘉仓铭砖，详细记录了粮窖位置、粮食来源、数量、品种、存放日期、管理官吏姓名等等。这些文物证明了史籍记载的可信性，由此可知，隋唐时期有着严格的粮食管理制度，这反映出统治者对粮食以及农业经济的重视。

　　1971年，国家有关部门对含嘉仓遗址进行了考古发掘，共探出粮窖287座。在含嘉仓160号窖还发现了约50万斤炭化谷物。在当时的生产条件下，50万斤粮食相当于近千农民一年的劳动成果，也相当于数千农民一年的口粮。"民以食为天"，粮食关系着国家的生死存亡，是国之大事。唐代粮仓储量的丰富，反映出当时国泰民安的社会状况。

85. 西汉青铜染器

西汉青铜染器
中国国家博物馆藏

西汉青铜染器1956年出土于河南陕县。染器是汉代贵族生活中常用的雅致食具，一人一案一炉，分餐而食。"染"指调味品，染器就是盛放酱、盐等调味品的饮食器具。在汉代，人们吃肉的方式，一是烧烤，一是濡（rú），也就是用白水煮，煮好的肉蘸调料加味，染杯中盛的就是调味的酱汁。调料酱需要不断的加温才好吃，所以染杯下面以木炭来加热，类似今天的火锅，不过，它的用途与火锅是有区别的。汉代古墓出土过较多染器，形制和大小都有不同。

汉字学习

 染

说文　楷书

染，读音 rǎn，会意字。古染料多来源于植物，故从木；染料需加工成液体，故从水；染必须反复进行，故从九，表示多。"染"的本义是使丝帛等物着色。《墨子·所染》："染于苍则苍，染于黄则黄。"引申为沾上，如一尘不染、染指。《左传·宣公四年》："子公怒，染指于鼎，尝之而出。"又引申为熏陶，如耳濡目染。

 《吕氏春秋·齐之好勇者》

知识链接

齐之好勇者，其一人居东郭，其一人居西郭，卒然相遇于途，曰："盍相饮乎？"饮数行，曰："姑求肉乎？"一人曰："子，肉也；我，肉也。尚胡求肉为？"是具染已，因抽刀割己肉而啖，至死而止。勇若此，不若无勇。

这则故事出自吕不韦的《吕氏春秋》，它告诫人们，要做一个有理性、有判断的人，不要把鲁莽和愚蠢当成勇敢，否则会闹出笑话，严重的还可能伤及性命，后果不堪设想。

【注释】

1. 东郭、西郭：城东、城西。
2. 卒然：突然。
3. 盍：何不。
4. 数行：指倒了好几次酒。
5. 姑：姑且。

西汉铜染器
湖南省博物馆藏

6. 具：准备。
7. 染：豉酱之类的调味品。
8. 啖（dàn）：吃。
9. 勇若此，不若无勇：如果这样也算勇敢的话，还不如没有勇敢的好。

【译文】

齐国有两个自诩为勇敢的人，一个住在城东，一个住在城西。一天，两人在路上偶遇。住在城西的人说："难得见面，我们去喝酒吧。"于是，两人踏进酒铺喝起酒来。酒过数巡之后，住在城东的勇士说："弄一点肉来吃吃怎么样？"住在城西的勇士说："你身上有肉，我身上有肉，还另外买肉干什么？"于是他们叫来伙计，准备好豆豉（chǐ）酱作为调料。两人拔出刀来，你割我身上的肉吃，我割你身上的肉吃，纵然血流满地，他们还是边割边吃，直到送掉性命才停止。如果这样也算勇敢的话，还不如没有勇敢的好。

86. 汉代市楼画像砖

汉代市楼画像砖
中国国家博物馆藏

汉代市楼画像砖出土于四川广汉。画像砖高28厘米，宽48厘米，左上角残缺。砖面形象地刻画了东汉时期城内市井商肆的布局和商贾交易的情况。画面的左侧有门垣，隶书题记为"东市门"，右侧为"市偻（楼）"，楼上挂一悬鼓。一人在门垣内侧灶前操作，灶上有釜炊之器，且回首与人呼应；市楼内宾主二人相坐；一人头戴高冠，应是官吏。门和楼之间为市井，有六人，分为三组，两两交易。根据画面可以看到，商人的交易活动是在一定的范围"市"内进行的，楼为"市"井中的最高建筑，击悬鼓可以表示市门的开闭。画像砖布局疏密得体，人物生动传神，刻制朴质古拙。

汉代市楼画像砖直观地再现了汉代城市的市井制度和市肆容貌，还原了当时的贸易状况，具有很高的史料价值。

汉字学习

金文　小篆　康熙字　楷书

市，读音 shì，会意兼形声。小篆中的"市"是由"之"（往）和"冂 jiōng（划定的范围）"组成的，指人们前往约好的固定区域做交易。"市"的本义是集市，交易市场。《木兰辞》："东市买骏马，西市买鞍鞯（jiān）。"许慎《说文解字》："市，买卖所之也。"引申为买东西，《木兰辞》："愿为市鞍马，从此替爷征。"《易·系辞下》："日中为市，致天下之民，聚天下之货，交易而退，各得其所。"

说文　繁体楷书　简体楷书

闹，读音 nào，会意字。繁体字写作"鬧"。小篆中的"闹"字由市和鬥（dòu，两个人揪斗打架）两个字组成的，本义是指在有集市的地方打斗，嘈杂，喧扰。许慎《说文·鬥部》："闹，不静也。"后来的简化字由"门"和"市"组成，原来的"鬥"字中打斗的含义在字形中已经看不出来了。

汉代的市和"市长"

知识链接

汉代的市不仅是商业活动的场所，也是封闭管理的行政区域。汉代"市"的行政区划有统一的规定。"市"的东西南北有围墙，每面墙都有宽大的门户，以供车辆来往，中间有宽大的十字街，把市分为四个区，每个区有三横排或四横排的商店，即所谓"列肆"，每排商店之间有通道，叫"隧"。《三辅黄图》记述汉代长安市的情况时说："《庙记》云，长安市有九，歌方二百六十六步，六市在道西，三市在道东，凡四里为一市。"

汉代各地的市都由政府派官吏管理，管理市肆的官吏叫市令、市长、市啬夫，其官署称为"市楼"。在每日开闭市内活动时，市楼上升降旌旗，故亦称"旗亭"。市楼是市中最高大的建筑，在上面可以观察并监视市内各隧的活动。市楼上悬鼓，击之以开闭市门。四川成都、广汉、新繁、彭县出土的汉代"市"的画像砖，都证实了汉代"市"的布局。

87. 驿使图壁画砖

驿使图壁画砖
甘肃省博物馆藏

　　驿使图壁画砖出土于嘉峪关新城魏晋墓葬群，现藏甘肃省博物馆。砖长35厘米，宽17厘米。画像砖为米色底，黑色边缘，砖上绘一信使，头戴黑帻（zé），着中衣，领和袖边缘为皂色，左手持棨（qǐ）传文书。棨传为通过关卡或驿站时的信物。有学者研究表明，图中的驿使脸上的五官唯独缺少嘴巴，这是在表明昔日驿传的保密性。绘画采用写实与写意相结合的方法，寥寥几笔勾勒出一人一马，以形传神。驿马四足腾空，马尾飘扬，飞奔的形象跃然纸上。驿使图壁画砖是我国目前发现的最早的古代邮驿资料，属国宝级文物。

汉字学习

驛 驛 驿

说文　繁体楷书　简体楷书

驿，读音 yì，形声字，繁体字写作"驛"。"驿"的本义是指古代传递消息或传递公文用的马。用驿马传送的公文叫驿书，如《晋书·谢安传》中所写的"有驿书至"。传递文书和军事情报的驿骑需要中途休息，调换马匹，于是就有了相应的驿站。唐代岑参"一驿过一驿，驿骑如星流。平明发咸阳，暮及陇山头"，就写出了驿道上驿骑多而快的场面。后来用成语"络绎不绝"表示连续不断。

知识链接

汉乐府《饮马长城窟行》中有几句诗写道：

> 客从远方来，遗我双鲤鱼。
> 呼儿烹鲤鱼，中有尺素书。
> 长跪读素书，书中意何如？
> 上言加餐食，下言长相忆。

诗中的"双鲤鱼"，并不是我们吃的鲤鱼，而是古代的一种信函，类似今天的信封。古人对书信非常重视，信函的制作也极为浪漫。最初，书信隽写在丝帛之上，被称为尺素，再以双鱼形的"函"（装信的匣子）封存，以"缄"（丝绳）

位于河北怀来的鸡鸣驿，是现存最完好的古代驿城

捆束，再盖以封泥。因此，书信也被称为"鱼书"。"家书抵万金"，就出现在见信如面的时代。王昌龄的"手携双鲤鱼，目送千里雁"，孟浩然的"尺书能不吝，还望鲤鱼传"，表现的都是渴望借"鱼书"传递思念的心情。

传说商朝末年，姜太公在渭水边垂钓，捕获一条鲤鱼，鱼肚里有一封信，预告他以后会被封在某地。后来，姜太公辅助周武王打天下获得成功，鱼书中所说的一切都得到了应验。

《汉书·苏武传》中记载了一个鸿雁传书的故事。汉武帝时，苏武被匈奴扣留，在北海牧羊。汉朝派使者要求匈奴释放苏武，匈奴单于谎称苏武已死。这时有人暗地告诉汉使事情的真相，并出主意，让他对单于说，汉朝皇帝在上林苑射下一只大雁，雁足上系着帛书，说苏武在北海牧羊。匈奴单于无语，只得把苏武放回汉朝。从此，"鸿雁传书"的故事便成为千古佳话，而鸿雁也成了信差的美称。

88. 错金铁书刀

东汉错金铁书刀
中国国家博物馆藏

在纸张尚未发明之前，中国的古人是用竹木简来写字的，因而需要一种修治简牍的小刀，这种刀，在汉代被称为"书刀"。最初的书刀是青铜制的，后来改用铁制。东汉错金铁书刀，1957年出土于四川成都。书刀环柄直身，长18.5厘米，宽1.5厘米，上面装饰错金凤鸟纹，还有24字隶书铭文，"光和七年广汉工官□□□服者尊长保子孙宜侯王□宜□"。这把书刀为光和七年（184）广汉工官所制，是目前发现的较完整的东汉书刀。汉代书刀常与笔砚简牍等文房用具同时出土，其环形把手正是为了满足当时人们随身携带时的悬挂需求。

汉字学习

| 甲骨文 | 金文 | 战国文字 | 篆文 | 隶书 | 楷书 |

刀，读音 dāo，象形字。"刀"字的金文字形最为形象，有刀尖、刀面和刀柄。刀是古代兵器的一种。许慎《说文解字》："刀，兵（兵器）也。"古人造字的时候，在"刀"的字形上面加上一点，成了"刃字"，这种造字法就是指事。

删

篆文　隶书　楷书　楷书

删，读音 shān，会意字，从刀从册。这个字的左边是绳子把若干竹简编穿在一起的"册"，右边是"刀"，即书刀。古人在竹简上书写，发生笔误时，就需要用刀将原字从简牍上削去，重新再写，即"用刀刊正"。《史记·张丞相列传》："古用简牍，书有错谬，以刀削之。"这就如同现在我们书写错误时将错字用橡皮或涂改液抹掉。所以，根据"删"的造字特点，我们就可以理解书刀和简册之间不可分割的关系。东汉文人尤重书刀，时常随身携带。

曹操与"捉刀"

知识链接

根据《世说新语·容止》的记载，曹操统一北方后，政治地位越来越高。北匈奴派使者送来大批礼物，并要求面见曹操。曹操认为自己的长相有损国家形象，就叫部下崔琰穿上他的衣服，假扮成曹操，履行外交程序，而曹操自己则拿着刀扮成护卫。

之后，曹操派人向匈奴使者询问："魏王何如？"匈奴使者答曰："魏王雅望非常，然床头捉刀者，此乃英雄也。"曹操闻之，追杀了这个匈奴使者。关于"捉刀"的含义，还有一种说法认为，当时曹操并未扮成护卫，而是扮成手持书刀做记录的史官，"捉刀"一词则由此而来。后来，人们开始用"捉刀"表示"代笔"之人。

"刀笔吏"一词也因书刀而得名。古人书写时刀笔并用，文职官员也就被称作"刀笔吏"。自宋元后，人们往往特将讼师幕僚称作"刀笔吏"，因为他们深谙法律规则，文笔犀利，用笔如刀，往往使许多案件乾坤陡转，或无中生有，大事化小，小事化了。

博物馆里的大语文

89. 算筹

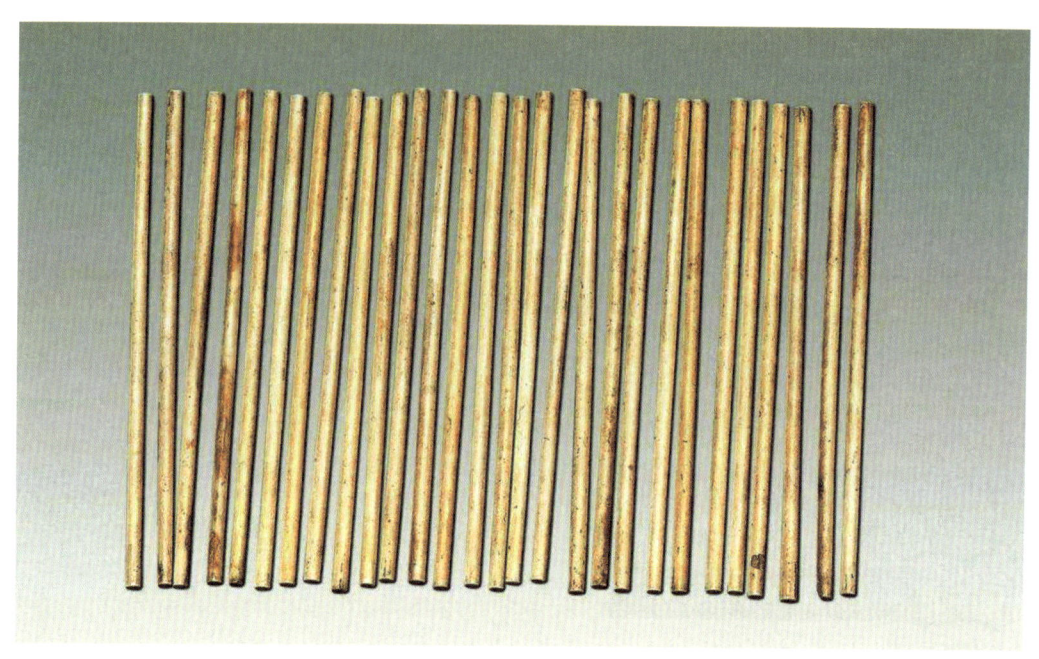

汉代象牙算筹
陕西历史博物馆藏

象牙算筹是春秋时期的文物，现藏陕西历史博物馆。这些象牙算筹长 13.5 厘米，直径 0.4 厘米，共 28 根，1983 年出土于陕西旬阳汉墓。

算筹是古代的一种计数工具，制作材料有木、竹、骨、铅、象牙等。在春秋战国时期，算筹已经得到普遍应用。除象牙算筹外，西安东郊曾经出土过铅质算筹，长条形，扁身，粗细大致均匀，这说明以算筹为计算工具的筹算在汉代已经发展到相当完备的程度。

用算筹进行计算称作"筹算"，这是中国古代在算盘出现之前常用的计算方法。筹算的算式有横式和纵式两种。横式中，横着的一根代表一，竖起的一根代表五；纵式中，竖着的一根代表一，横着的一根代表五。

算筹记数的表示方法为：个位用纵式，十位用横式，百位再用纵式，千位再用横式，万位再用纵式……这样从右到左，纵横相间，以此类推，遇零用空位表示。如：

算筹计算采用十进位制，运用纵横相间的数位表示法，即用纵式表示个位、百位、万位、百万，用横式表示十位、千位、十万、千万等。从左向右，纵横相间，根据所表示的自然数不同来摆放。简单来说，个位纵代表一，十位横代表一，以此类推，遇零则空。

算筹在春秋时期就已出现，并使用了两千多年，直到15世纪算盘推广之后才逐渐被取代。

中国古代十进位制的算筹记数法，在世界数学史上是一个伟大的创造。

汉字学习

| 篆文 | 隶书 | 繁体楷书 | 简体楷书 |

筹，读音 chóu，形声字。"筹"字中的"竹"字头，表示筹是竹子制作的，"寿"表示声音。"筹"字的本义是计数的工具，引申为筹划谋划，再引申为计策，计谋，如"一筹莫展""运筹帷幄"。"筹"还可以指古代投壶（士大夫宴饮时的一种游戏）用的竹签子，如"觥（酒杯）筹交错"。

| 甲骨文 | 金文 | 篆文 | 隶书 | 繁体楷书 | 简体楷书 |

学，读音 xué，会意字，繁体字写作"學"。甲骨文中，"学"字的字形是双手在摆弄算筹，表示学习计算。金文字形在房子里面加上"子"，表示教小孩学习计算。小篆字形又在右边加上手拿"攴（pū 棍子）"，表示督责训导。学的本义就是对孩子进行启蒙教育，引申指学校。《礼记·学记》："古之教者，家有塾，……国有学。"

 **算筹计数法**

知识链接

算筹是木头或其他材质制成的小棍，制作和携带十分方便。虽然它看起来并不起眼，但在中国数学史上却是伟大的发明。用"算筹"进行计算称作"筹算"，这是中国古代算盘出现之前所使用的计算方法，采用十进位制。计算时，加减法从左到右，逐位相加或相减；乘除则用口诀（九九表）进行运算。如今数学常用的计算，加减乘除，甚至计算立方、开平方，都可以使用算筹进行。东汉时期的数学著作《九章算术》中，工程建设的应用计算和立方计算都是用算筹来计算的。

当时罗马的数字系统中没有进位制的概念，有进位制的玛雅人使用的是 20 进位制，古巴比伦人使用的是 60 进位制。20 进位制需要 1 到 19 个数字才能表示，中国的十进位制就比较简单。中国古代在数学方面取得卓越的成就，与十进位制的使用有着密切的关系。算筹在春秋时期就已出现，使用了两千多年，直到 15 世纪之后才被算盘取代。中国古代的筹算算法在世界上是比较先进的，这也是中国古代重要的科学技术成就。

90. 五星出东方利中国

五星出东方利中国
新疆博物馆藏

"五星出东方利中国"是汉代蜀地织锦护臂，1995年出土于新疆和田尼雅遗址。这件织锦呈圆角长方形，长18.5厘米，宽12.5厘米，边上用白绢镶边，织有八个汉隶文字：五星出东方利中国。除文字之外，织锦上还有白、赤、黄、绿四色织出的典型的汉式图案，如云气纹、鸟兽（孔雀、仙鹤、虎）、辟邪和代表日月的红白圆形纹等。这件织锦的织造工艺非常复杂，体现了汉式织锦的高度成就。

"五星出东方"是指五大行星在某个时间段内同时出现在天空，这种天文奇观在西汉史学家司马迁的《史记·天官书》中有过记载："五星是分天之中，积于东方，中国利；积于西方，外国用（兵）者利。"五星是指木、火、土、金、水五大行星。织锦上的"青赤黄白黑"（其中的绿应为黑，可能因为黑色不够亮丽而以绿色替代）分别与五星的"岁星（木）、荧惑星（火）、填星（土）、太白星（金）和辰星（水）"一一对应。

五星出东方利中国织锦出土情况

"五星出东方利中国",是中国古代星占用辞,这件织锦反映出汉王朝为了祝祈政治上军事上的顺利和成功,将天象占辞与军事征讨结合起来,以图祥瑞的思想观念。

"五星出东方利中国"织锦属国家一级文物,被列入中国首批禁止出国(境)展览文物目录。

汉字学习

| 甲骨文 | 金文 | 战国文字 | 篆文 | 隶书 | 楷书 |

星,读音 xīng,形声字。在了解"星"之前,我们先来看看"晶"的造字。在甲骨文中,"晶"字的字形就像是散列的星星 ,中间加上横,表示其发出的光芒。"星"的造字就是在"晶"上加上一个表音的"生"。甲骨文中,"星"字的字形,看上去就像夏夜的天空布满亮晶晶的星星,画面非常形象。在汉字演变的过程中,画面中的星星越来越少,最后只剩下一个,就是现在的简化字"星"。

 利 利 利 利 利 利

甲骨文　　金文　　战国文字　　篆文　　隶书　　楷书

利，读音lì，会意字。"利"字由"禾"与"刀"组成，本义是用镰刀收割庄稼，由此引申为锋利，如"利器"。又引申为快捷，如"利落"。由快捷再引申为顺利，如"大吉大利"。由收获引申为利润、利益，又特指财利、私利，如"利欲熏心""见利忘义"等。

 **消失的精绝国**
知识链接

小说《鬼吹灯》里的精绝古城真的存在吗？

关于精绝国，《汉书·西域传》只有很少的文字记载："精绝国，王治精绝城，去长安八千八百二十里，户四百八十，口三千三百六十，胜兵五百人。精绝都尉、左右将、驿长各一个。北至都护治所二千七百二十三里，南至戎庐国四日行，地阨（è）陕（xiá），西通扜弥（yū mí）四百六十里。"从目前的文献来看，这个小国确实存在过，当时，它是汉代的一个城邦国家，属于西域三十六国之一。

那么，精绝国是如何消失的，它的遗址又在哪里呢？

1901年1月，英国考古学家斯坦因在新疆民丰县北境古代尼雅河尾闾地发现了一座古城遗址，将其命名为"尼雅遗址"，由此揭开了古精绝国神秘的面纱。尼雅遗址上分布着佛教寺院、官署、住宅群、种植园、冶铁作坊等，星罗棋布，

遍布尼雅河终点处的沙丘与沙岭间。这里曾经是尼雅河冲击而成的大片绿洲，如今变成了茫茫沙海。

北京大学考古系教授林梅村在《汉代精绝国与尼雅遗址》一文中描述说，斯坦因在遗址中发掘了大量的汉代简牍，其中一枚简赎可能是大月氏使臣写给汉宣帝的一份上书手稿。这枚西汉简牍可以证实，尼雅遗址的上限可以早至西汉精绝国时代，西汉精绝国无疑就在尼雅遗址所在地。更为重要的是，斯坦因在一处汉代遗址中，掘获了记有地名"精绝"的汉简。斯坦因发现的这批简牍为研究汉代精绝国与尼雅遗址的关系提供了极为重要的考古资料，而且明确地证实，汉代精绝国的首都就在尼雅遗址下层文化堆积之中。

精绝国虽是小国，但它位于丝绸之路南道，地处东西交通要道，地理位置十分重要。《后汉书·西域传》中也提到，"出玉门，经鄯善、且末、精绝三千余里至拘弥"。东汉末年，鄯善人征服丝绸之路南道楼兰、且末、小宛、精绝和戎卢等国，建立了西起尼雅河、东至敦煌的鄯善王国。此后，精绝成为鄯善统治下的一个州，公元5世纪，鄯善国灭亡，精绝国也消失于历史的长河里。

91. 滇王金印

滇王金印，1956年出土于云南昆明石寨山古墓群。这枚金印是西汉元封二年（前109）汉武帝赐予滇国国王的。印面2.4厘米见方，通高2厘米，重90克，黄金纯度95%。金印由钮和印分铸焊接而成。钮为蛇身，作昂首盘曲状，有鳞纹，阴刻篆书"滇王金印"四字。

滇王金印
中国国家博物馆藏

据司马迁《史记·西南夷传》记载，汉武帝元封二年，滇王尝羌降于汉，汉"赐滇王王印，复长其民"。这枚金印的出土，证实了古滇国的存在，而且与司马迁的记载相吻合，是研究古滇国和西汉王朝的珍贵历史资料，属国家一级文物。

汉字学习

| 甲骨文 | 金文 | 战国文字 | 篆文 | 隶书 | 楷书 |

印，读音 yìn，会意字。甲骨文中，"印"字的字形，左上是爪（一只手），表示用手摁压一个人，右下像是一个跪着的人，"印"字的本义是按压，如"高者印之，下者举之（张弓射箭，高的时候往下按，低的时候向上抬）"。引申为玺印，印章。后加"扌"，写作"抑"，意思为按压，进而引申为压制、控制。

消失的古滇国

知识链接

古滇国是云南古代的方国。据文献记载,其存在的时间有 190 年左右。那么,这个神秘的古滇国是何时建立,又是何时消失的?

据《史记·西南夷列传》记载,楚顷襄王时(前298—前263)曾派将军庄蹻率兵沿长江而上,攻取巴郡、蜀郡和黔中郡以西的地方。楚军先行到达滇池,庄蹻依靠军队的威势平定了这个地方,让它归属楚国。他想回楚国报告情况,却赶上秦国攻打楚国的巴郡和黔中郡,道路被阻隔,无法前行,于是庄蹻返回滇池,借助军队的力量在滇地称王,建立滇国,同时改换服式,顺从当地习俗,成为滇人的统治者。

秦始皇时曾征服滇国,并开通五尺道至当地,但秦朝灭亡后,交通再度中断。汉武帝时,汉朝的使者曾经到过滇国,滇王问汉朝使者:"汉朝和我国相比,哪个更大?"汉朝使者到达夜郎时,夜郎国君也提出了同样的问题。

汉武帝元封二年(前109),汉武帝兵临滇国,滇王于是离开西夷,向汉朝投降,请求设置官吏,并进京朝见汉武帝。于是,汉朝把滇国设置为益州郡,赐给滇王王印,仍然由他统治滇国。这枚金印就是两千年之后出土于石寨山的滇王之印,这件文物恰好印证了文献的记载。

汉代授印之后,滇国在文献中再无记载,后人猜测,滇国首领虽然被册封为王,但并没有实质性的权力,还要听命于太守,这导致了滇国历史的终结。最终,古滇国的文化还是和汉文化融合在了一起。

牛虎铜案
云南省博物馆藏

92. 汉错金银博山炉

汉错金银博山炉
河北博物院藏

汉错金银博山炉是古代的熏香用具，1968年出土于河北满城刘胜墓。刘胜（？—前113）是西汉景帝刘启之子，汉武帝刘彻异母兄，被册封为中山靖王。刘胜好酒色，过着每天听乐赏玩的日子，错金银博山炉就是刘胜奢侈生活的见证。

博山炉高26厘米，足径9.7厘米，腹径15.5厘米。炉身分为炉座、炉盘、炉盖三部分。炉座透雕成三龙出水的样子。炉盘上部铸出高低起伏的山峦，上有出没的神兽，奔走的虎豹，嬉戏的小猴，还有在山间巡猎的猎人。炉身似豆形，通体用金丝和金片错出舒展的云气纹。炉顶的山峦模拟道家传说中的仙山——博山，香炉因此得名"博山炉"。这种香炉在两汉与魏晋时期非常盛行。"欢作沈水香，侬作博山炉"，这是汉晋六朝文人对熏炉和熏香所作的隐喻吟咏。

汉错金银博山炉工艺精湛，装饰华美，是举世闻名的珍宝。

汉字学习

金文　小篆　康熙字　楷书

熏，读音 xūn，会意字。金文中，"熏"字的字形像一个熏笼形，中间两点象征里面有烟火，上面是冒出的烟，下面是火，更加突出熏烤的意思。小篆字形突出了两个"火"，后来把"火"字底写成"灬"。许慎《说文解字》："熏，火烟上出也。"

宋代熏香文化与丝路贸易

知识链接

宋代词人李清照的词作《醉花阴·薄雾浓云愁永昼》中，有这样一段："薄雾浓云愁永昼，瑞脑消金兽。佳节又重阳，玉枕纱厨，半夜凉初透。"大意是：薄雾弥漫，云层浓密，日子过得郁闷愁烦，龙脑香在金兽香炉中缭袅。又到了重阳佳节，卧在玉枕纱帐中，半夜的凉气刚将全身浸透。

从考古遗存和传世的文学作品中可以看到，宋代人爱香、礼香的习俗，在中国历史上达到了顶峰。在文人的渲染下，香料已经成为高尚情操的象征。

宋人在日常生活中焚香薰室、焚香祝酒、焚香读书、焚香静修，展现了宋人生活的典雅与乐趣。宋人敬佛崇道、祝天祈福时，也大量焚香。两宋时期，佛道两教影响不断深广，焚香崇道仪式在宋代趋于鼎盛，大量香料被用于宗教活动。

古人使用的香料究竟从何而来呢？香料的产地多在域外，随着丝绸之路的开辟，汉代从域外输入了香料，并移植了某些芳香植物，如胡椒、龙脑香、迷迭香、乳香、安息香、苏合香、沉香、丁香等。

汉代的丝绸之路贯通东西，丝路贸易的昌盛，使得通过海路和陆路运送而来的域外香料在种类和数量上日渐增多，奠定了香料使用和推广的物质基础。到宋朝，熏香用香成为皇室显宦以及文人士绅日常生活和重大节庆的重要活动内容，香料已经完全渗透到宋人的庙堂、家居、出行、敬神礼佛以及食物、医药的各个方面。

两宋时期，造船技术和航海技术均有显著提高，香料贸易也成为宋代丝路贸易的重中之重。宋人将精美的瓷器和丝织品销往海外，再用海船满载各种香料而归。在当时，香料的主要贸易通道南海丝绸之路被喻为"香瓷之路"。1974年，福建考古文物工作者在泉州湾港内发现了一艘满载香料和香药的木造宋代商船，从船舱中清理出土的遗存有香料木、胡椒、槟榔、乳香、龙涎等，香料木包括降真香、檀香、沉香等多种，这些香料被成捆地堆积在船舱中，总重量达两千多公斤。

宋代高度发达的丝路贸易推动了宋人用香习俗的兴盛，而宋时对香料的需求同样刺激了丝路经济的再度发展和各民族文化的交融互通，因此，宋代的熏香文化、香料贸易与丝路繁荣有着千丝万缕的密切联系。

93. 熹平石经

熹平石经残石
中国国家博物馆藏

熹平石经是中国历史上最早的官定儒家经典刻石。汉武帝采纳董仲舒"罢黜百家，独尊儒术"的建议之后，儒家书籍被奉为经典和法定教科书，设专门博士官讲授，而且成为判断是非的标准与决策的依据。但当时的儒家经典存在很多问题，如版本不一，传抄错误，甚至被篡改。

公元175年至183年，汉灵帝为了维护统治地位，下令校正儒家经典著作，派蔡邕等人以隶书写定《周易》《尚书》《诗经》《仪礼》《春秋》《公羊传》《论语》七经，共耗时八年，刻成46碑，立于洛阳太学。蔡邕书写石经的汉隶是当时官方隶书的标准字体。熹平石经为官方巨制，字体严整匀称，方平正直。

这一碑体成为后儒晚学临摹的范本。石碑刻成之后，曾名震京师，轰动全国，慕名前来观看、摹写的士人蜂拥而至，甚至造成了交通堵塞。《后汉书·蔡邕传》载："及碑始立，其观视及摹写者，车乘日千余辆，填塞街陌。"其盛况可见一斑。

熹平石经被刻制好之后，董卓废帝，洛阳宫庙被毁，太学荒废，石碑遭到破坏。经后世不断收集和找寻，目前收集到的残石达数百块，石上残存的碑文总计八千多字。这些残留的碑石分别收藏于西安碑林博物馆、洛阳博物馆和中国国家博物馆。

熹平石经具有重大的历史意义。它对古籍订误正伪，为士人提供了标准的儒家经典教材。同时，它开创了中国刻经的先河。自汉代创例后，后来又出现了魏三体石经、唐开成石经、宋石经、清石经，这对于儒家文化的传承具有非常重要的意义。另外，熹平石经对于捶拓方法的发明也具有启发作用。捶拓技术是雕版印刷术的先驱，因此，石经对印刷术的发明也有间接的影响。

汉字学习

| 金文 | 战国文字 | 篆文 | 隶书 | 繁体楷书 | 简体楷书 |

经，读音 jīng，形声字，繁体字写作"經"。金文中，"经"字的字形像是绷在织布机上的纵的经线，竖直地排列在织布机上，纬线穿过交错的经线，就可以织成布。因此，纵线叫经，横线叫纬。对于道路来说，南北为经，东西为纬。中医把人体气血运行的主干叫经，如"经络"。经线决定纬线，由此引申为准则。又引申为贯穿古今、可以作为思想行为与道德标准的著作，某种专门著作也被称为"经"或"经典"，如"四书五经"、《皇帝内经》等。

知识链接

一声叹息性命休——蔡邕之死

蔡邕（yōng）是书写熹平石经的文学家和书法家。

少年时，蔡邕已经声名远扬。他喜欢文章、数术、天文，善于弹奏音乐。汉桓帝听说他的琴艺好，就命他入朝。蔡邕不乐意，走到偃师时假称生病返家。汉灵帝建宁三年（公元170），他才接受司徒桥玄的征召，出任河平县长，后校书东观，升任议郎，并得到汉灵帝的信任。公元189年，汉灵帝去世，董卓担任司空，听说蔡邕名气大，召他为官，蔡邕推说有病不能去。董卓大怒，骂说："我有杀人之权，蔡邕纵然骄傲，也是不过转足之间的事而已。"他急令州郡征召蔡邕到府，蔡邕没有办法，只好应命，被任命为代理祭酒。董卓看重蔡邕的才学，对他非常客气，每到宴会，常令蔡邕鼓琴助兴。

公元192年，司徒王允设下美人计，将董卓诛杀。蔡邕是性情中人，在司徒王允家做客时，无意中谈起董卓之死，不免发出一声叹息。王允听后，非常不满，怒斥蔡邕："董卓差点儿倾覆汉室，你作为汉臣，应该痛恨他才是，现在只因受过他的礼遇，就忘记自己的操守，难道你和他一样是逆贼？"王允逮捕了蔡邕，并把他交给廷尉去治罪。蔡邕上书谢罪，请求只刺面砍脚，以便继续修成汉史。在朝的官员很多人同情蔡邕，试图营救，但都未奏效。太尉骑着快马去见王允，对他说："蔡邕是当代少有的奇才，对汉朝的史事很熟悉，应该让他续成后汉史，修成一代典籍。况且他一向以忠孝著名，所犯罪行又无确切事实，杀了他恐怕会失去人心吧？"王允说："过去汉武帝不杀司马迁，让他写出毁谤的书，流传于后世。现今国家中途衰落，国家政权不稳固，不能让奸邪谄媚的臣子在幼主身边当史官。这既不能增益圣上的仁德，又令我们蒙受毁谤议论。"太尉退出来对人说："王允大概要不久于人世了吧？善人是国家的楷模，史著是国家的经典。毁灭楷模，废除经典，国家难道能够长久？"

就这样，蔡邕死在了狱中，终年六十一岁。当时的官员学者没有不为此而流泪的。北海人郑玄得知这一消息时感叹说："关于汉代的史事，还有谁能匡正呢？"（据《后汉书·蔡邕传》）

94. 《洛神赋图》

顾恺之《洛神赋图》（宋摹本）
辽宁省博物馆藏

《洛神赋图》是东晋画家顾恺之的传世之作。顾恺之（348—409）是东晋画家、理论家、诗人博学多才，在文学和绘画方面都有很高的成就。顾恺之作画，主张"以形写神"，也就是说，绘画不仅应该追求外在形象的逼真，还应该表现人物的精神状态和性格特征。顾恺之的绘画及理论，对于中国传统绘画的发展产生了很大的影响。

顾恺之《洛神赋图》（宋摹本）局部
辽宁省博物馆藏

《洛神赋图》是顾恺之有感于曹植《洛神赋》中凄美的爱情故事而

创作的。画面的故事内容可以分为三个段落。前段描绘曹植在洛水与洛神邂逅（xiè hòu），风姿绰约、含情脉脉的洛神在水中若隐若现；河岸边，曹植被洛神的绝世之美深深吸引，于是以玉佩相赠，表达对洛神的深切爱慕，二人情意缠绵。

中段描绘曹植与洛神交换定情信物，但毕竟人神殊途，两人觉得不妥，又将信物收回，不得不含恨别离。曹植举袖掩面，不忍离去，引来娥皇、女英、汉水女神翩翩起舞；曹植目送着洛神渐渐远去，眼神中倾诉着无尽的悲伤与无奈。洛神不停回头，望着岸上的曹植，眼神中流露出不舍与依恋。

第三段描绘洛神驾六龙云车离去的场景。洛神身旁有玉鸾、文鱼、鲸鲵相伴，回望曹植，依依不舍。曹植乘轻舟溯流而上，追赶云车，希望再次见到洛神的倩影。无奈人神相隔，洛神的踪影早已无法寻觅。由于思念与悲伤之情不能自已，曹植在洛水边一直等到天明，最后怀着不舍与无奈，踏上返回封地的归途。曹植的怅惘之情生动地呈现在画卷上，洛神与曹植之间的真挚感情也被表现得淋漓尽致。

顾恺之《洛神赋图》的原件早已不存，现藏于辽宁省博物馆的画作为宋代摹本。

汉字学习

金文　战国文字　篆文　隶书　楷书

神，读音 shén，形声字。"神"的本字是"申"。金文中的"申"字字形是闪电伸展的形状。古人难以理解自然现象的成因，对闪电有恐惧与敬畏的心理，将其视为神。古人所说的"天打雷劈""遭天谴"就是对闪电的敬畏。加偏旁"示"，说明和祭祀有关。"神"的本义为天神和神灵，引申为特别高超、令人惊奇之事，如"神机妙算"。再引申为精神，如"神不守舍""神采飞扬"。

《洛神赋》中的洛神究竟是谁

知识链接

曹植是曹魏时期著名文学家。年少时，曹植聪慧而有才气，深得曹操喜欢，欲立其为太子，但后来曹植过于放纵自己，再加上曹丕工于心计，导致曹操对曹植丧失信心，最终立曹丕为太子。

《洛神赋》是曹植的传世之作，作者幻想出人神相恋却不能相亲的爱情故事，格调梦幻迷离，凄婉惆怅。作品中所描写的"翩若惊鸿，婉若游龙"的洛神，更是给人以无限遐想。那么，这个洛神究竟是谁呢？关于这个问题，历来的看法主要有两种。

一种说法认为，洛神是洛水之神，名曰宓（fú）妃。在《洛神赋》前面的小序中，曹植自述写作此赋的缘由是黄初三年，曹植来到京都朝觐，回去的时候经过洛水。古人曾说此水之神名叫宓妃（传说伏羲氏女，溺死于洛水，为洛水之神），有感于宋玉对楚王所说的神女之事，于是作了这篇赋。从这篇小序可以看出，曹植在赋中描写的美丽的女神就是洛水之神宓妃，她在洛水之上若隐若现，"凌波微步，罗袜生尘"。曹植幻想自己和神女相遇相知，但人神殊道，最后只能伤心离别。

第二种说法认为，洛神是指曹丕的皇后甄妃。甄氏曾经是袁绍的小妾，曹操打败袁绍之后，甄氏又嫁给了曹丕，曹丕即位后立甄氏为皇后，后来，甄氏在宫廷争斗中被曹丕处死。曹植对甄氏心怀爱恋，但只能隐藏于心中。从京城回封地，路过洛水的时候，曹植写了《感甄赋》，表达内心的感情。后来甄妃的孩子曹睿即位，成为魏明帝。魏明帝认为《感甄赋》不利于母亲的名声，于是将作品改名为《洛神赋》。这种传说大抵在唐代以后开始流行，今人穿凿附会的成分更多。其实这个传说是很荒唐的，后世的许多研究者对这种说法多有批判和质疑。曹丕即位之后一直对曹植防范打压，曹植有再大的胆子也不敢把对嫂子兼皇后的爱恋写进自己的作品里。这个传说之所以被后来的很多人接受，大概是因为这种流言传闻符合人们猎奇的世俗心理。

95. 昭陵六骏

昭陵六骏
西安碑林博物馆藏
美国宾夕法尼亚大学博物馆藏

昭陵六骏是指唐太宗李世民墓昭陵的六块骏马浮雕石刻。石刻是为纪念随唐太宗征战疆场的六匹战马而刻制的。每块石刻宽约2米，高约1.7米。六骏分别为拳毛䯄(guā)、什(shí)伐赤、白蹄乌、特勒骠(biāo)、青骓(zhuī)、飒(sà)露紫。据说唐太宗命画家阎立本画稿，工艺家阎立德雕刻，用青石浮雕塑造出六匹战马的形象，并将其放置于自己的陵墓之前。

李世民为什么要在昭陵雕刻六匹骏马呢？

石刻中的六匹骏马，都是曾经随李世民出生入死、为唐王朝立下赫赫战功的战马。用青石凿刻这六匹战马，实际上是在歌颂自己南征北战的武功。在历代帝王中，李世民对自己的战功是很自负的，毛泽东也曾称赞他为"最能打仗的帝王"。

石刻中的六匹战马姿态神情各异，线条简洁有力，造型栩栩如生，每匹战马都在述说着征战厮杀的悲壮的故事。位于东侧首位的特勒骠，是李世民平定宋金刚时所乘坐骑。李世民骑着特勒骠，曾在一昼夜间急追敌人二百多里，与敌人交战数十回合，连打八次硬仗。在这次追歼中，李世民一连两天水米未进，连续三天人没解甲，马没卸鞍。西侧第二骏拳毛䯄，是李世民平定刘黑闼时的坐骑。石刻上的拳毛䯄身中九箭，是六骏里中箭最多的，这也说明了战斗的惨烈。这场战争结束后，唐王朝统一中国的大业宣告完成。

昭陵六骏同中国近代史的命运一样历尽磨难。六骏中的"飒露紫""拳毛䯄"在1914年被打碎装箱，盗运到美国，现藏于宾夕法尼亚大学博物馆，其余四块也被打碎，但盗运时被截获，现陈列于西安碑林博物馆。

昭陵六骏是珍贵的国宝级文物，不仅有着极高的艺术价值，同时也见证了大唐帝国诞生的艰难的历史进程。

汉字学习

| 金文 | 楚系简帛 | 说文 | 秦系简牍 | 楷书 |

陵，读音 líng，形声字。"陵"字的结构中，左边的"阝"是阜(fù)，指地势较高的土山，右边"夌"(líng)表声。"陵"字的本义是地势高的大土山。许慎《说文解字》："陵，大阜（土山）也。"引申为帝王陵墓。如"秦始皇陵""十三陵"。古时候石头大山称为山，小而尖的山称为岭，大土山称为陵，夹在大山之间的小土山称为丘。

博物馆里的大语文

知识链接

丘行恭单枪匹马救秦王

昭陵六骏石刻中，唯有"飒露紫"旁边是有人像的，那个人就是李世民的侍臣丘行恭。石刻上面，丘行恭俯首侧立，眼睛低垂，表情哀伤，盔甲未卸，佩刀及箭囊在身，一脚微微提起，左手扶住马前胸，右手做出正在为马谨慎拔取胸前血箭的姿势。中箭后的飒露紫则显示出刚下战场的疲倦神情，眼神低沉，垂首偎（wēi）人，前腿挺直，身体微后倾，臀部稍微后坐。拔箭的疼痛使它本能地后撤，但它仍然忍痛屹立。石刻中，人与马临危不惧、相依为命的画面细腻感人。

公元620年7月，秦王李世民率军东征"郑王"王世充。在战斗中，李世民与部下失散，身边只剩下丘行恭。几名郑军骑兵冲过来，弓箭射中李世民坐骑"飒露紫"的前胸，李世民落马，身陷险境。在万分危急的时刻，丘行恭调转马头返回，箭无虚发，将冲过来的几名郑军骑兵射死。丘行恭跳下马，将"飒露紫"所中之箭拔出，又将自己的战马让给李世民，然后手执长刀，徒步向前冲杀。他大声呼喊，斩杀多名郑军，最终保护李世民杀出重围，返回唐军大营，飒露紫回营后倒地而亡。

李世民登基后，为表彰丘行恭孤身救驾之功，诏令镌刻其拔箭形象于飒露紫石刻上，这也是昭陵六骏之中唯一带有人像的雕刻。李世民为浮雕题字："紫燕超跃，骨腾神骏，气詟（zhé）三川，威凌八阵。"

"飒露紫"石刻
宾夕法尼亚大学博物馆藏

96. 钱镠铁券

钱镠铁券
中国国家博物馆藏

"免死金牌"经常出现于古代题材的小说或戏剧当中，这类"免死金牌"并非凭空虚构，中国国家博物馆珍藏的钱镠（liú）铁券，就是"免死金牌"的实证。这件文物，是唐昭宗赐给南越王钱镠的"金书铁券"。

唐乾宁三年（896），董昌叛唐称帝。钱镠劝降无果后，出兵平定了董昌，唐昭宗因此封钱镠为镇海节度使、镇东节度使。唐乾宁四年（897），唐昭宗钦赐"金书铁券"。铁券呈覆瓦状，长约52厘米，宽约30厘米，正面刻有嵌金铭文333字，内容包括钱镠的爵衔、官职、邑地以及据以受封的功绩，其中有"卿恕九死，子孙免三死。或犯常刑，有司不得加责"的字样，意思是说，钱镠本人可以免除九次死罪，子孙可以免除三次死罪，如果触犯国家其他法律，有关官员不得过问。

钱镠因功得券后，奉其为宝，一直精心保存。宋太平兴国三年（978），吴越王钱俶纳土归降，宋室以礼相待，铁券在北宋依然有效。北宋太宗、仁宗、神宗和南宋高宗还请钱氏将铁券送到宫中，亲自观览。

元朝时期，铁券不知所踪。直至元至顺二年（1331），这枚铁券才被钱氏后人用十斛谷子购得，又将铁券保存在宗祠里。

此后，明太祖朱元璋两次索观铁券，明成祖朱棣也索观过铁券，均以礼送还。朱元璋还因这枚铁券免除了钱氏后人钱用勤的死罪。清乾隆皇帝也曾索观铁券，并赏赐《观铁券歌》。

抗日战争爆发后，钱氏后裔将铁券藏于自家园内深井中，抗战胜利后才取出。中华人民共和国成立后，钱氏后裔将铁券献给国家。钱镠铁券是中国现存最早的铁券实物，非常珍贵。

汉字学习

金文　说文　繁体楷书　简体楷书

镠，读音 liú，形声字。本义是质地纯美的黄金。"镠"字由"金"和"翏"组成。"翏（liú）"表声兼表义。《说文解字》："翏，高飞也"，是指鸟高飞的样子。用"翏"作义符的字，有高远之义，"镠"就是高品质的黄金。《尔雅·释器》："黄金谓之璗（dàng），其美者谓之镠。"

《钱氏家训》与钱氏后人

知识链接

钱镠（852—932）是五代十国时期吴越国创建者，在位四十一年，庙号太祖，谥号武肃王。《钱氏家训》由钱氏后人根据"武肃王八训""武肃王遗训"和《钱氏家乘》整理而成。《家训》分为个人、家庭、社会、国家四部分，是儒家修身、齐家、治国、平天下思想的具化与实践。

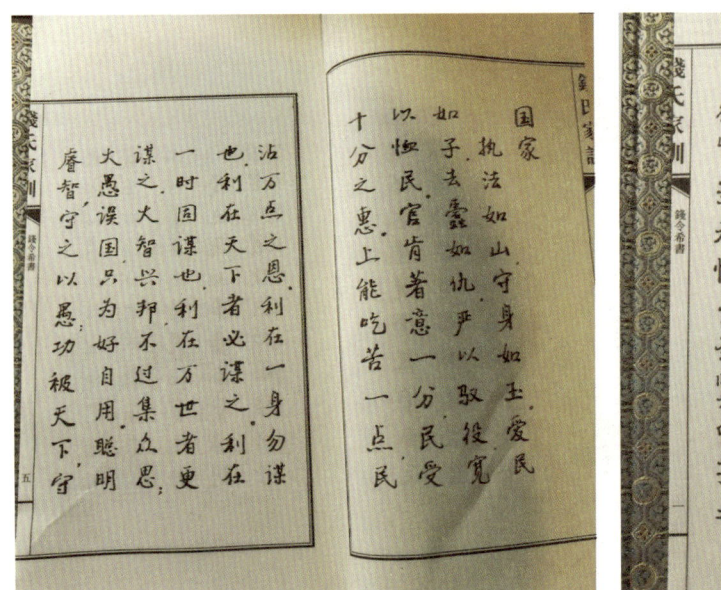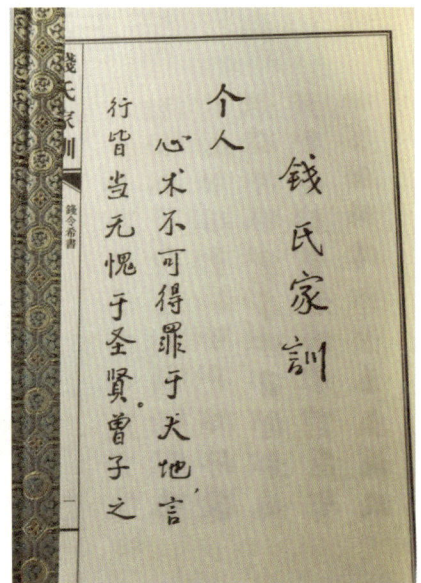

钱氏后人秉承祖训，绍续家风，造就了吴越钱氏一门家风谨严、人才兴盛的传奇。自唐末历五代，经北宋至南宋，四百年间，吴越钱氏始终保持"位极人臣"，封郡王、国公者二十余人，封侯拜相、入仕内阁者近百人。宋朝皇帝称"忠孝盛大唯钱氏一族"。清乾隆帝也感佩其家族教子有道，南巡时御赐"清芬世守"匾额。到了近代，钱氏家族更是人才辈出，钱氏子弟在各个领域成就事业者数以百计。钱玄同，是五四新文化运动的倡导者，文字学家；钱其琛是外交家，曾任国务院副总理、外交部长；钱正英是水利水电专家，曾任全国政协副主席；钱学森是中国航天之父，中国导弹之父；钱三强是中国原子能事业的主要奠基人；钱伟长是中国科学院院士，中国近代力学之父；钱穆是国学宗师；钱钟书是中国现代著名学者、作家；钱永健是生物化学家，2008年诺贝尔化学奖获得者。

97. 葡萄花鸟纹银香囊

葡萄花鸟纹银香囊
陕西历史博物馆藏

葡萄花鸟纹银香囊是唐代文物，1970年出土于陕西西安，现藏于陕西历史博物馆。香囊外径4.6厘米，金香盂直径2.8厘米，链长7.5厘米，香囊外壁为银制，呈圆球状，花纹镂空，平均分割形成两个半球形，中间由合页相连，另一侧装有钩链，以便开合。下部球体内设两层银质的双轴相连的同心圆机环，外层机环与球壁相连，内层机环分别与外层机环和金盂相连，内层机环内安放半圆形金香盂，外壁、机环、金盂之间，用银质铆钉铆接，可以自由转动。由于机环和金盂重力的作用，无论外壁球体怎样转动，金盂始终保持重心向下，里面的香料都不会撒落。香料缓缓燃烧时，可以透过镂空雕刻的花鸟纹饰散发出幽幽香气。唐代诗人元稹《香毬》一诗，曾用香囊来比拟热恋中女子的炽热心情："顺俗唯团转，居中莫动摇。爱君心不惬，犹讶火长烧。"

汉字学习

甲骨文　金文　说文　楷书

香，读音 xiāng，会意字。"香"字由"禾""甘"二字组成，强调黍稷等粮食的馨香。《说文解字》："香，芳也。"《春秋传》曰"黍稷馨香"。"香"字的本义是禾谷食物的香味。引申为气味芳香，如花香袭人。又引申为受欢迎，如：这个人很吃香。

 **杨贵妃之死**

知识链接

　　唐天宝十四年（755）十一月初九，安禄山以讨伐杨国忠为名发动叛乱，"渔阳鼙鼓动地来，惊破霓裳羽衣曲"。叛军经河北、河南、山西，势如破竹，直逼京师。天宝十五年（756），叛军攻破潼关，直入长安，唐玄宗惊慌失措，在禁卫军的护送下仓皇出逃。"九重城阙烟尘生，千乘万骑西南行"。丙申（十四日），玄宗一行来到马嵬（wéi）驿，随从的将士因为饥饿疲劳，心生怨恨，发动哗变，在混乱中杀死了杨国忠，又杀死了杨国忠的儿子杨暄与杨玉环的姐姐韩国夫人、秦国夫人。《旧唐书·卷五十一·后妃上》记载，士兵包围驿站不散，要求处死贵妃，玄宗不得已，赐贵妃死，于是杨玉环缢（yì）死于佛室。时年三十八岁，埋葬于驿西道旁。"六军不发无奈何，宛转蛾眉马前死，花钿委地无人收，翠翘金雀玉搔头。君王掩面救不得，回看血泪相和流。"唐代诗人白居易在《长恨歌》中写下了这悲情的一幕。

花鸟纹鎏金银香囊
中国国家博物馆藏

安史之乱平定之后,已经成为太上皇的唐玄宗从四川回到长安。孤灯冷雨之下,玄宗日日思念贵妃,于是秘密派人到马嵬驿改葬。当时贵妃以紫褥裹之,肌肤已坏,但香囊仍在。唐玄宗见香囊而落泪,画贵妃图像于别殿,朝夕视之。

陕西历史博物馆收藏的香囊是否与杨贵妃有关联,已无证据可考。

98.《步辇图》

《步辇图》
北京故宫博物院藏

《步辇图》是唐代画家阎立本的作品，故宫博物院收藏的现存画作被认为是宋朝摹本。

《步辇图》绢本，设色，纵38.5厘米，横129.6厘米。作品以贞观十五年（641）吐蕃首领松赞干布与文成公主联姻的历史事件为题材，描绘唐太宗接见迎娶文成公主的吐蕃使臣禄东赞的情景。作品构图上以宫女们的娇小稚嫩来映衬唐太宗的沉稳与坚定；以禄东赞的诚挚谦恭、持重有礼来衬托唐太宗的庄重平和、蔼然可亲。结构上自右向左，由紧密而渐趋疏朗，重点突出，节奏鲜明。唐太宗李世民派礼部尚书李道宗陪同文成公主进吐蕃。文成公主给吐蕃带去了很多中原地区的文化典籍，还带去了各种行业的工匠，对于促进吐蕃经济文化的发展起到了重要作用。此后很长一段时间，唐王朝和吐蕃之间的关系融洽而和睦。因此，这幅画作不仅具有极高的艺术价值，还是汉藏民族友好情谊的历史见证。

汉字学习

辇，读音 niǎn，会意字。金文中，"辇"字的字形像两个人（夫夫）拉车的形象。从小篆到楷书，"辇"字都是由两个"夫"和"车"组成的。这个字的本义是依靠人力推拉的车子，秦汉以后专指皇帝的车子，也指乘车，载运，运送。杜牧《阿房宫赋》："王子皇孙，辞楼下殿，辇来于秦。"

文成公主与松赞干布

知识链接

唐朝贞观年间，吐蕃王朝（现在的西藏）的松赞干布派遣请婚使者赴长安请婚。唐太宗李世民封宗室女李氏为文成公主，远嫁吐蕃，成为松赞干布的王后。

贞观十五年（641），唐太宗遣礼部尚书李道宗为送亲使，护送文成公主，在吐蕃迎亲专使禄东赞的陪同下，出长安前往吐蕃。松赞干布率群臣到河源附近的柏海（今青海玛多县境内）迎接文成公主，与公主同返逻些（拉萨），并在布达拉山为公主修建宫室。

公主笃信佛教，在逻些建造小昭寺，协助泥婆罗（今尼泊尔）赤尊公主修建大昭寺。文成公主从长安带到吐蕃的释迦牟尼像，至今仍保存在大昭寺，而大昭寺前的公主柳，传说为文成公主亲手所栽。在藏传佛教中，文成公主被认为是绿度母的化身。

布达拉宫

文成公主入蕃时带有佛经、史书、诗文、农书、医典、历法等众多典籍，还带了五千多名工匠以及大量的谷物、牲畜等，还将中原地区的医药、历算、纺织、造纸、酿酒、制陶、碾磨等技术传入吐蕃，对吐蕃经济文化的发展以及唐蕃关系，起到了积极的促进作用。松赞干布迎娶文成公主后的二百多年间，吐蕃和唐朝之间，使臣和商人往来频繁，商贸不绝。

99. 三彩釉陶女俑

三彩釉陶女俑
中国国家博物馆藏

唐代三彩釉陶女俑，1957年出土于陕西西安。女俑高45.2厘米，面带微笑，头微侧，眯着眼睛看向远方。女俑鬓发抱面，发髻垂于额前，这种发髻被称为乌蛮髻，是古代乌蛮族的发型。女俑身穿绿色交领小袖上衣，内有半臂蓝色长裙，裙腰束于胸上部，披帛自右肩垂于后背，足穿翘尖鞋。这件三彩釉陶女俑衣着华丽飘逸，形态雍容自信，体现了唐代女性风姿绰约、自由从容的神韵。

陕西西安曾经出土大量的唐代三彩釉女俑，这些女俑的共同特点是体态丰满，雍容圆润，红唇细眼，面部表情非常生动，笑容自信而柔和。女俑的服饰多为长裙加披肩，色彩绚丽而华美。这些三彩女俑是研究唐代女性妆容、发型、服饰与社会时尚的最形象的文物史料，同时也反映出大唐盛世开放、包容的社会风气和昂扬进取、积极向上的精神风貌。

汉字学习

篆文　　楷书

彩，读音 cǎi，形声字。甲骨文的"采"是一只手在树上采摘果实的意思，做声旁。右边的"彡（shān）"是纹饰色彩的样子。彩就是色彩和光彩，引申指彩色的丝织品，如"张灯结彩"，就是指挂上灯笼，系上丝绸，比喻节日的喜庆气氛。由此又引申为胜者所获得的东西，如"中彩"。再引申为称赞，如"满堂喝彩"。

 唐代女性的服饰

知识链接

　　唐代的女性服饰华丽、飘逸、开放，体现出大唐盛世的景象。

　　唐初女性喜爱窄狭的服装，以突出苗条优雅的身材，最为流行的是"襦（rú）裙服"。上身穿窄袖衫或襦，窄袖的襦衫长及腰部，领子造型比较丰富，有圆领、方领、斜领、鸡心领等，还有多种异形领。下着长裙，腰系长带，瘦长的裙子往往拖到地上，裙腰高及胸上。有时还在窄袖衫外罩一件半袖短衫，质料以丝、麻为主，以红、紫、黄等鲜艳的暖色调为主色调，显得颀长秀美，轻盈飘逸。足着高头鞋，鞋尖高高翘起。

《簪花仕女图》
辽宁省博物馆藏

盛唐时期，人们以胖为美，妇女服装的衫袖和长裙日渐加宽。至中晚唐时期，大袖宽衣、多褶阔裙成为时尚。白居易诗云："风流薄梳洗，时世宽妆束。"当时女性的妆容打扮非常奢华，以至于提倡节俭的皇帝不得不出来干涉。

唐朝女性着装还有一个时尚，就是喜欢穿胡服和男装。唐朝社会开放，妇女参加社会活动较多，瘦袖紧身、翻领左衽的胡服穿起来比较方便，因此穿胡服、戴胡帽，"女为胡妇学胡妆"，就成为唐代妇女的独特爱好。女着男装的风气在大唐开元、天宝年间尤为盛行，那时"士人之妻，著丈夫靴衫鞭帽"，内外无别，由此可见唐代女性的自由以及大唐盛世的胸襟与开放。

100. 开元通宝

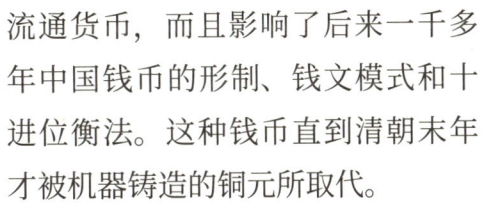

唐代开元通宝
中国钱币博物馆藏

开元通宝是唐代铸造的铜质货币。唐朝初年沿用隋朝的五铢钱，政权稳定后，为适应其统治需要，武德四年(621)七月颁诏废五铢钱，改铸统一的开元通宝，沿用秦国方孔圆钱的形制。钱文为欧阳询所书，文字庄重、隽秀、挺拔。"开元"，意指开辟新纪元；"通宝"，意思是说通行宝货。从此，我国的方孔圆钱多以通宝、元宝相称，亦即宝文钱的开始，五代的周元通宝、宋代的宋元通宝都模仿了开元通宝的文字与形制。开元通宝是唐朝的主要流通货币，而且影响了后来一千多年中国钱币的形制、钱文模式和十进位衡法。这种钱币直到清朝末年才被机器铸造的铜元所取代。

开元通宝和唐玄宗李隆基的年号开元并无关系。唐代初年，开元通宝就已经铸造，由欧阳询亲自题字。欧阳询是初唐时期人物，而李隆基生于盛唐，两人生活的时代相差100多年，因此，开元通宝并不是年号货币。

汉字学习

| 甲骨文 | 金文 | 篆文 | 隶书 | 楷书 | 简体 |

宝，读音 bǎo，会意字，繁体字写作"寶"。甲骨文中，"宝"字的形象像房子里有贝和玉，表示家里藏有珍宝。小篆中有加上一个"缶"（器皿，为古人所重），兼表声。"宝"字的本义是指珍贵的东西。古代称帝王的东西为宝，如"宝驾""宝座"。

何家村唐代窖藏金银"开元通宝"

知识链接

1970年10月5日，在西安南郊何家村的一个基建工地上，施工的工人突然挖出了一个大的陶瓮，大家围拢过来，瓮盖打开，里面装有大量的金银器，金光闪闪。几天之后，考古人员又发现了一个大小类似的陶瓮和一个银罐。两个陶瓮和银罐中都装满了各种金银器、银铤、银板、银饼、中外钱币、宝玉珍饰和贵重药材，共计1000多件，被称为何家村唐代窖藏。在何家村窖藏的众多宝物中，有39种466枚历代钱币，其中"开元通宝"金币30枚，"开元通宝"银币421枚。经对其中5枚"开元通宝"金币抽样扫描测试分析，每枚金币成色各异，含金量在81.6%至94.36%之间。"开元通宝"银币除了何家村窖藏以外，其他地方也有发现，而"开元通宝"金币仅见于何家村窖藏。金银币上的"开元通宝"四字为大书法家欧阳询书写，钱文间架端庄，疏密均匀，字迹清晰，制作规整。

从与金"开元通宝"同时出土的大量金银器皿分析，何家村窖藏文物属宫廷用品，金银钱的形制特点也与早期开元通宝铜钱相同。因此，这批"开元通宝"金钱可能是唐高宗武则天至唐玄宗时期之作。

这些金银"开元通宝"不是流通货币,而是用于宫廷赏赐、吉庆、游戏等活动。唐玄宗时就常搞一种叫"金钱会"的活动赏赐大臣。长安城大内的承天门,是唐代各朝皇帝颁布诏令、敕书或举行朝会庆典的地方。唐玄宗常常在承天门楼上陈乐设宴,招待臣属,并向楼下抛洒金钱以作赏赐。

何家村唐代窖藏金银"开元通宝"

中国历史年代简表

- 旧石器时代　约 170 万年前—1 万年前
- 新石器时代　约 1 万年前—4000 年前
- 夏　公元前 2070 年—公元前 1600 年
- 商　公元前 1600 年—公元前 1046 年
- 西周　公元前 1046 年—公元前 771 年
- 春秋　公元前 770 年—公元前 476 年
- 战国　公元前 475 年—公元前 221 年
- 秦　公元前 221 年—公元前 206 年
- 西汉　公元前 206 年—公元 25 年
- 东汉　公元 25 年—公元 220 年
- 三国　公元 220 年—公元 280 年
- 西晋　公元 265 年—公元 317 年
- 东晋　公元 317 年—公元 420 年
- 南北朝　公元 420 年—公元 589 年
- 隋　公元 581 年—公元 618 年
- 唐　公元 618 年—公元 907 年
- 五代　公元 907 年—公元 960 年
- 北宋　公元 960 年—公元 1127 年
- 南宋　公元 1127 年—公元 1279 年
- 元　公元 1206 年—公元 1368 年
- 明　公元 1368 年—公元 1644 年
- 清　公元 1616 年—公元 1911 年
- 中华民国　公元 1912 年—公元 1949 年
- 中华人民共和国　公元 1949 年成立

图书在版编目（CIP）数据

博物馆里的大语文 / 曲现龙编著 . -- 北京：五洲传播出版社，2022.7（2024.1重印）
ISBN 978-7-5085-4838-8
Ⅰ.①博… Ⅱ.①曲… Ⅲ.①文物－中国－青少年读物 Ⅳ.① K87-49
中国版本图书馆 CIP 数据核字 (2022) 第 102539 号

博物馆里的大语文

编　　著：曲现龙
出 版 人：关　宏
策划编辑：樊程旭
文字编辑：宋舒红
责任编辑：樊程旭
装帧设计：青心见画
出版发行：五洲传播出版社
地　　址：北京市海淀区北三环中路 31 号生产力大楼 B 座 6 层
邮　　编：100088
发行电话：010-82005927，010-82007837
网　　址：http://www.cicc.org.cn，http://www.thatsbooks.com
印　　刷：北京市房山腾龙印刷厂
开　　本：787 mm×1092 mm　1/16
印　　张：19.25
字　　数：250 千字
版次印次：2022 年 10 月第 1 版　2024 年 1 月第 4 次印刷
书　　号：ISBN 978-7-5085-4838-8
定　　价：78.00 元

2. 耒耜的创造和使用标志着

A. 原始农业的出现　　B. 原始手工业的产生

第 2 题答案在《博物馆里的大语文》18 页

3. "斤"字的本意是

A. 重量单位　　B. 斧子一类的工具

第 3 题答案在《博物馆里的大语文》32 页

4. 通过研究"水"字的演化可知,"水"字的造字法是

A. 象形字　　　B. 形声字

第 4 题答案在《博物馆里的大语文》37 页

5. 陶鹰鼎的艺术价值是

A. 象征墓主人权势地位　　B. 原始艺术与实用功能的完美结合

第 5 题答案在《博物馆里的大语文》42 页

6. "蜷体玉龙"之所以被称为"中华第一龙",因为

　　A. 龙是一种神异的动物　　B. 它可以见证龙文化的起源

第 6 题答案在《博物馆里的大语文》54 页

7. 良渚文化的玉琮、玉璧属于

A. 玉礼器　　B. 玉佩饰

第 7 题答案在《博物馆里的大语文》61 页

8. 古代河南被称作

A. "冀州"　　B. "豫州"

第 8 题答案在《博物馆里的大语文》66 页

9. 爵、尊、觥、觚属于

A. 酒器　　B. 食器

第 9 题答案在《博物馆里的大语文》76-86 页

10. 对"列鼎制度"理解正确的是

A. 维护贵族等级的制度　　B. 显示人们财富的制度

第 10 题答案在《博物馆里的大语文》92 页

11. 楚王问鼎的故事说明

A. 周王室衰微   B. 楚庄王尊周礼

第 11 题答案在《博物馆里的大语文》97 页

12. "笄"是

A. 古人带的帽子　　B. 古代的一种簪子

第 12 题答案在《博物馆里的大语文》102 页

13. 甲骨文在今天的重要价值是

A. 了解商人的占卜与预测　　　B. 研究商朝的历史与文化

第 13 题答案在《博物馆里的大语文》106 页

14. "罄"字的引申意义为

A. 石制的打击乐　　B. 尽、用尽

第 14 题答案在《博物馆里的大语文》112 页

15. 四羊方尊被赞为"臻于极致的青铜典范"。它的铸造方法是

A. 泥范法　　B. 失蜡法

第15题答案在《博物馆里的大语文》114页

16. 利簋的史料价值是

A. 见证武王征商的实物 B. 制作青铜簋的标准器

第 16 题答案在《博物馆里的大语文》123 页

17. 鼎、簋属于

A. 酒器　　B. 食器

第 17 题答案在《博物馆里的大语文》124-126 页

18. 何尊铭文中"宅兹中国"的"中国"是指

A. 镐京　　　B. 洛邑

第 18 题答案在《博物馆里的大语文》130 页

19. 大盂鼎极具史料价值，体现在

A. 铭文印证了商人纵酒而亡国　　　B. 造型雄伟凝重为世间瑰宝

第 19 题答案在《博物馆里的大语文》132 页

20. 《秦风·无衣》这首诗反映了秦人

A. 艰苦奋斗的优良传统　　B. 同仇敌忾的精神风貌

第 20 题答案在《博物馆里的大语文》145 页

21. 王子午鼎器身周围的六个浮雕夔（kuí）龙的制作方法是

A. 模范法　　　B. 失蜡法

第 21 题答案在《博物馆里的大语文》154 页

22. 典故《奇货可居》中的投机商人是

A. 吕不韦   B. 子楚

第 22 题答案在《博物馆里的大语文》163 页

23. "击缶而歌"表现的是战国时期哪个国家的音乐形式?

A. 赵国   B. 秦国

第 23 题答案在《博物馆里的大语文》169 页

24. 石鼓文是我国最早的石刻文字,它的字体是

A. 小篆　　　B. 大篆

第 24 题答案在《博物馆里的大语文》170 页

25. 符节、旌节的"节"的含义是

A. 凭证、信物　　B. 缠束、制约

第 25 题答案在《博物馆里的大语文》179 页

26.《诗经》中曾描述的先秦贵族们举行的"因流水以泛酒"、"羽觞随流波"的饮酒活动,魏晋时期发展成为

  A. 文人墨客诗酒唱酬的雅事   B. 贵族阶级祭祀祖先的礼仪

第 26 题答案在《博物馆里的大语文》183 页

27. "封泥"的用途是

A. 信函文书封缄   B. 官府官员印章

第 27 题答案在《博物馆里的大语文》189 页

28. "牺牲"在古语中的含义是

A. 祭祀用的牲畜　　B. 为正义而舍弃自己的生命和利益

第 28 题答案在《博物馆里的大语文》201 页

29. 长信宫灯的艺术价值表现在

A. 见证了窦太后的奢华生活　　B. 设计巧妙做工精致造型优美

第 29 题答案在《博物馆里的大语文》230 页

30. 新莽铜嘉量是

A. 王莽时期制造　　B. 乾隆年间制造

第 30 题答案在《博物馆里的大语文》237 页

31. 1983年被国家旅游局确定为中国旅游标志的是

A. "马踏匈奴"　　　B. "马踏飞燕"

第 31 题答案在《博物馆里的大语文》243 页

32. 西汉的铜染器是

A. 盛放调味品的饮食器具　　B. 使丝织物着色的器具

第 32 题答案在《博物馆里的大语文》259 页

1. 北京周口店猿人洞发现了距今40万—50万年猿人用火的灰烬,使用火的是

　A."北京人"　　　B.山顶洞人

第 1 题答案在《博物馆里的大语文》10 页